KB215586

선진국에 진입한 한국경제
무엇이 문제인가

저자 정 재 철

㈜경기정판사

선진국에 진입한 한국경제
무엇이 문제인가

서 문

필자는 경제학을 전공한 경제학자로 근 반세기에 걸쳐 우리의 경제
발전과정을 지켜보면서 항상 관심을 갖고 당면한 경제문제나 정부의
경제정책에 대해 여러 지면을 통해 논평을 하거나 대안 및 정책 제언
을 해왔다. 2007년에 정년을 맞아 교단을 떠난 이후에도 우리 경제에
관한 관심을 늘 가져왔으며 기회가 될 때마다 경제문제에 대해 자신
의 견해를 피력해오는 것을 게을리하지 않았다. 경제학이라는 학문
은 다른 학문과는 달리 우리의 실제의 경제생활과 밀접한 관련이 있
으므로 경제학자들은 경제에 관한 이론연구는 물론 실제의 경제문제
에 대해 당연히 관심을 가져야 하며 또한 관심으로 끝날 일이 아니라
문제를 해결하는데 일조해야 한다고 생각한다. 즉 경제학자가 현실
경제문제를 해결하는데 아무런 도움을 주지 못한다면 학문으로서의
가치가 없다고 생각한다. 따라서 경제학자라면 정부의 경제정책이나
현실 경제문제에 대해 소신을 피력해야 하고 정부의 정책이 바람직하
지 않은 방향으로 전개된다고 생각되면 나름대로 자신의 견해나 주장
을 피력함으로써 정책을 올바른 방향으로 이끌도록 할 의무가 있다고
생각한다. 그런 뜻에서 필자는 정년 후에도 우리의 경제문제에 관해

선진국에 진입한 한국경제 무엇이 문제인가

늘 관심을 가져왔으며 필자에게 지면을 할애해 주는 기회가 주어지기만 하면 서슴없이 본인의 견해를 피력해왔다.

필자는 70년대 후반부터 2020년까지 국내외에서 발표한 평론 130편을 "도서출판 진흥"에서 "한국경제를 증언한다"는 책을 출간한 바 있다. 그 후 경기일보에서 매월 1회씩 "정재철 칼럼"의 지면을 할애해주어 2년간을, 그리고 다시 1년간 월 1회 "이슈 & 경제" 칼럼에 우리경제의 당면문제들에 대해 논평해 왔다. 필자는 이번에도 이렇게 발표한 글 36편을 묶어 단행본으로 출간함으로써 우리경제에 관심을 가진 분들에게 조금이나마 도움이 되었으면 하는 바램에서 읽을 기회를 드리고자 한다. 우리 경제는 빈곤의 악순환에서 벗어나 잘 살아보겠다는 굳건한 의지로 국가와 국민이 혼연일체가 되어 노력한 결과 수많은 우여곡절을 겪으면서 최빈국(1인당 국민소득 60달러 수준)에서 중진국으로, 그리고 드디어는 그토록 염원했던 선진국(1인당 국민소득 36,000달러, 잠정)수준의 대열에 들어서기까지 했다.

하지만 현재 우리 경제는 많은 문제들을 안고 있으며 지난 10여년 이상을 저성장의 굴레에서 벗어나지 못하고 있으며 최근에는 정치적 불안정마저 불거져 만일 여기에서 잘못 대처하거나 좌절하면 다시 나락으로 떨어질 위험마저 도사리고 있다. 그러므로 우리는 절대

좌절하지 말고 현실을 냉철히 직시하여 현명하게 대처하지 않으면 위기를 맞거나 선진국 지위를 잃을 수도 있다. 따라서 기업가, 근로자, 공무원, 정치인 그리고 전국민이 일심단결해 우리가 당면한 여러 가지 문제들을 현명하게 대처하여 해결하지 않으면 애써 달성한 선진국 지위가 물거품이 될 수도 있다는 것을 명심하고 각고의 노력을 경주하지 않으면 안된다.

　필자가 이제까지 발표한 것들 중 대표적인 것들 몇가지를 들어본다. 과거 우리의 수도권 과밀의 문제점과 대응책을 제시하였으나 ("지역간 불균형과 재정" 1984. "재정"12월호, 1985. "재정" 1월호, 1985. "재정"3월호) 정부가 제대로 대처하지 못함으로써 전국민의 50% 이상이 수도권에 몰려 사는 기현상을 빚었으며 목적세 제도의 폐해를 들어 폐지를 주장했으나("세제개혁 왜 미루는가", 1999.7.17. 매일경제신문, "윤정부 국세, 지방교육세 하루빨리 폐지해야" 2022.6.28.,경기일보) 교육세와 교통세는 아직도 존치되고 있다. 김영삼 정권시절에 "사회간접자본세"를 신설한다고 하기에 반대하는 글을 한국경제신문(1993.6.15.)에 실었는데 다행히 실행하지는 않았다. 종부세에 대해서도 "종부세 효과의 한계"(2007. 12.11.,한국경제신문)와 "종부세 폐지가 맞다"(2008.11.18.,한국경제신문), "종부세는 '악세' 폐지하는 것이 옳다"(2022.1.4.,경기일보)를 통해 종부세제도의 문제점을 몇 번이나 지적했으나 여전히 존치되고 있다. 행정수도 이전에 대해서도 "행정수도 수도권 억제 도움 안돼"(2005.1.10.,김포신문)라는 글로 행정수도 이전을 반대 했지만 정부는 실행에 옮겼으나 결과는 실패작이었다("세종시로의 행정수도 이전은 실패작 아닌가" 2024.4.5.,경기일보), 그리고 최근에는 "대학은 병들고 학생 복지는 넘치고"(2024.11.29.,매일경제신문)라는 글을 발표했는데 이 글이 기폭제가 되었는지 16년만에 대학들이 등록금을 인상하기 시작했다.

경제학자 자신의 견해가 반드시 옳다고만 할 수는 없겠지만 문제 해결에 조금이라도 도움을 줄 수만 있다고 한다면 그 나름대로 의미가 있다고 생각한다. 본인에게 3년간이나 고정칼럼을 싣게 배려해주신 경기일보 신항철 회장님과 이책을 출간해주신 경기정판사 이순국 사장님께도 감사를 드린다.

2025년 1월
화곡동 우장산 기슭 서재에서
저자 **정 재 철**

차 례

차 례

노조가 변해야
경제가 산다는 일갈

2021년 08월 03일

　얼마 전 야당의 한 국회의원이 노조가 죽어야 한국경제가 산다고 일갈했다 하여 화제가 되고 있다. 본인도 이런 의견에 동조하는 편임을 부인할 수 없다. 우리나라에 노조활동이 허용된 지도 35년 정도나 되는데 우리나라 대기업 노조들은 노사 간 협상에서는 극단적인 파업이란 칼을 빼 휘두르기 때문에 사측은 100전 100패 한다.

　본인은 1975년에 일본에 연수차 갔었는데 일본에서는 봄이면 으레 춘투(春投)라고 하는 노조의 연례적인 임금인상 투쟁이 벌어진다. 지하철이 파업해 연구소에 갈 수가 없는 상황이 벌어져 난감했다. 우리나라에서는 전혀 경험하지 못한 터라 두려움마저 들어 속으로는 뭐 이런 나라가 있느냐(?)고 푸념을 한 적이 있다.

그 후 10여년이 지난 후 우리나라에 노조가 허용되자 똑같은 현상을 수도 없이 목도했으며 초창기에는 이러다 나라가 망하지나 않을까 하는 불안감을 갖기도 했다. 저성장의 굴레를 벗어나지 못하고 수많은 청년실업자가 거리를 방황하고 있는 지금의 우리 경제상황은 노조탓만 할 것은 아니지만 노조에게도 일말의 책임을 돌리지 않을 수 없을 것이다. 지난 1997년의 외환위기시에는 대량의 구조조정이라고 하는 엄청난 홍역을 겪었는데 대부분이 막강한 노조를 안고 있는 자본집약적인 대기업들이었다는 데 문제의 핵심이 있다. 대기업 노조들이 강성에 집착하지 않고 좀더 유연한 자세를 취해 진작에 상생의 길을 걸었더라면 그런 대란은 겪지 않았을 것 아닌가고 필자는 의심해본다.

필자는 1997년에 미국 캘리포니아주립대학에 객원교수로 간적이 있다. 미국에는 차없이는 살 수 없어 도착하자마자 차를 구입하지 않을 수 없었다. 그래서 이리저리 알아보니 일제 차는 좀 비싸기는 한데(2만2천달러) 인기가 있어 1년 타고 매도해도 1천500~2천달러 정도 손해보고 매각할 수가 있는데 반해 국산차는 좀 싸 1만6천500달러인데 1년 쓰고 중고차로 팔면 반값인 8천500달러 밖에 못받는다고 한다. 단연 일제차를 사는 것이 경제적인 이득임에도 본인은 알량한 애국심의 발로로 국내기업을 돕자는 취지에서 H사의 국산차를 구입, 귀국시 가지고 돌아오기로 결심했다. 그런데 1997년 외환위기가 터져 이듬해 8월 귀국당시 환율이 1천300원으로 크게 올랐다. 차를 배편으로 탁송하려 하던 차에 국내 D자동차에 근무하는 처남으로부터 긴급 SOS 전화가 걸려왔다. 회사에서 차를 팔아오면 면직을 피할 수 있으니 우리가 쓰던 차를 팔고 돌아와 자기네 회사의 차를 구입해달라는 것이었다. 처남의 애걸을 무시할 수 없어 부랴부랴 H사의 차를 8천500달러에 팔고 국내에 돌아와 마음에도 내키지 않는 D사의 차를 구입해줌으로써 처남의 일자리를 유지시켜준 적이 있다.

그런데 요즘에 와서는 국산차를 사고 싶은 생각이 싹 사라졌다. 왜냐고? 강성노조의 막무가내식 파업, 생산직 근로자들의 연봉이 1억원, 아무리 수요가 있다 하더라도 생산라인의 증설엔 절대 반대, 청년실업자수가 35만9천명이나 돼도 우리와는 상관없는 일, 수많은 부품업체들은 견디기 어렵다고 신음하고 있음에도 자기들만의 이익만을 챙기고자 하는 현실 등을 생각해보면 도저히 국산차를 사고 싶은 생각이 사라진다.

얼마전 아들이 식사를 하자고 해 주자장에 내려갔더니 B사의 외제차에서 며느리가 내리면서 타라고 해 "웬 외제차냐?"고 했더니, "외제차 산다고 하면 아버님한테 혼날 것 같아, 사고 나서 말씀드리기로 했다"고 하며 아들 내외가 잔뜩 긴장하는 표정이었다. 내가 외제차 타는 것을 몹시 싫어한다는 것을 알고 있었기 때문이다. 그런데 내가 차에 타고 화 낼 기색을 전혀 보이지 않으니 애들은 안도하는 눈치였다. "애들아 걱정하지 말아라, 나 국산차 사는 거 별로 좋아하지 않는다. 노조가 변해야 경제가 살것이기에."

장년노조가
변해야 하는 이유

2021년 09월 06일

　　노조활동이 자유로워진 지도 어언 35년이나 됐다. 나이로 따지면 청년기를 지나 장년기에 들어섰고 머지않아 불혹의 나이에 접어들게 된다. 노조도 나이를 먹고 성숙해지면 체면도 차리고 남도 배려할 줄 아는 행동을 해야 하는 게 상식이다. 그러나 우리의 대기업 노조는 아무리 나이를 먹어도 전혀 변하지 않고 있다. 노조가 허용되면서 근로자들은 개개인이 기업가와 1대 1로 상대하는 것이 아니라 노조가 기업가와 1대 1로 상대하게 됨으로써 사측과 대등한 지위를 누릴 수 있을 뿐 아니라 근로자들의 권익을 향상시키는데 크게 기여했다. 다른 한편으로 대기업 노조들은 그들의 이익을 위해 극단적인 행동이라 할 수 있는 파업을 매년 연례행사처럼 벌임으로써 우리의 사회 경

제에 많은 희생과 수업료를 지불하도록 했다는 것 역시 빼놓을
수 없는 사실이다. 대기업 노조는 극도의 이기주의에 빠져 파
업이라는 무기를 최대한 활용, 사측은 노사간의 협상에서 100
전 100패 할 수밖에 없는 상황에 처해 있다. 여북하면 그들 대
기업 노조들을 일컬어 귀족노조니 황제노조라고 하는 말까지
붙여지고 있는 데다가 각종 비위와 부조리까지 저지르고 있어
질타를 받고 있다.

그런데 지난 1997년 외환위기 시 가장 커다란 희생을 당한
기업들은 바로 이들 대기업이었다. 파산이라는 회오리바람 속
에서 엄청난 구조조정을 당한 기업들이 특히 이들이었다는 점
을 상기할 필요가 있다. 물론 그들과 연관된 많은 중소기업도
따라서 피해를 입었다. 그 후유증으로 우리 경제는 아직 저성장
의 굴레에서 벗어나지 못하고 있음에도 대기업 노조는 여전히
변함없이 이익 극대화에 몰입하고 있다는 감이 들어 안타까움
을 금할 수 없다. 이제 장년기에 들어선 노조가 변하지 않고는
한국경제의 미래가 어두울 수밖에 없다는 이유는 무엇일까?

첫째, 폐쇄된 경제사회에서는 노조가 자기들의 이익만을 챙
기고자 극단적인 행동도 불사할 수 있지만 세계화 시대라고 하

는 무한경쟁시대에는 그렇게 해서 이익을 챙길 수 없다. 그렇게 하다간 경쟁에서 낙오되기 십상이다. 극단적인 노동운동이 외환위기의 단초를 제공했음은 물론 뼈아픈 엄청난 구조조정을 당하는 계기가 됐음을 부인할 수 없다. 우리의 경쟁상대인 미국이나 일본의 노조활동이 유연해진 지 이미 오래며 중국은 노조활동이 거의 허용되지 않는다는 점을 명심해야 한다.

둘째, 오늘날 특히 독과점적인 대기업들은 생산의 우회도가 크기 때문에 노조의 파업이나 임금인상이 자기들 기업의 경영에만 영향을 미치지 않고 수백개의 관련기업들에게 직접 및 간접적인 영향을 미치므로 결코 자기이익만을 고려해서는 안 된다. 딸린 중소기업들의 경쟁력이 확보돼야 자기들의 경쟁력도 커진다는 것을 깨달아야 한다. 결코 독불장군은 있을 수 없다. 그러므로 대기업 노조들은 관련 중소기업들의 처지도 배려해 상생의 길을 걷지 않으면 절대 안 된다. 중소기업들의 죽음 위에 대기업들만이 존립할 수 없음을 깨달아야 한다.

셋째, 대기업과 중소기업 간의 임금격차가 너무 커 사회적 위화감을 조성하는 요인이 되고 있다.

넷째, 우리의 임금수준이나 근로조건은 과거에 비해 상상할 수 없을 정도로 크게 개선됐다. 주 2일 휴무제, 주 52시간 근무제에다 의료보험, 실업보상제도, 국민연금 등 각종사회보장도 과거에 비하면 상상할 수 없을 정도로 좋아졌다. 이런 제도들이 확립되지 않았을 때의 노조와 현재의 노조는 분명 달라져야 마땅하다. 자동차회사의 생산직 연봉이 1억원이라는데 28년을 유지해온 한 부품회사의 대표는 더 이상 견디다 못해 회사를 운영할 수 없다면서 매각하려 해도 원매자가 없다고 푸념하는 것을 듣고는 마음이 씁쓸했다. 정녕 우리의 대기업 노조는 변할 수 없는 것일까?

곳간에 곡식을 쌓아두는 이유가 뭐냐는 질문과 답변

2021년 10월 11일

　얼마 전 국회에서 고민정 의원의 "곳간에 곡식을 쌓아두는 이유가 무엇이냐"는 질문에 홍남기 부총리는 "곳간이 비어간다"고 했다가 금방 "재정이 탄탄하다"고 말을 뒤집어 우리를 어리둥절하게 했다. 국가빚이 1천조원에 이르고 준공공기관의 빚도 550조원 이상에 달한다고 하는데 이 두 개만 합쳐도 거의 우리의 1년치 국내총생산액(GDP)수준이다. 이런 판에 곳간에 쌓아둔 곡식이 어디에 있다는 말인지 어안이 벙벙하다. 재정이 탄탄하다는 말도 어이가 없긴 마찬가지다.

　더군다나 올해 1/4분기 나라빚 상황을 보면 가계빚이 1천765조원, 기업빚이 2천461조원, 국가빚이 860조원으로 총계가 5천86조원에 달한다. 이는 우리 GDP의 약 3배에 달하는 것으로 다 갚으려면 3년 동안 생산한 금액을 한푼도 안써야 할 만큼 엄청난 금액이다. 코로나 팬데믹이라고 하는 비상사태로 5차에 걸쳐 48조원의 재난지원금을 지급한 것과 소득주도성장 정책에 따른 시혜성 고용창출정책의 영향도 컸다고는 하지만 문재인 정부 5년 동안 국가채무는 408조원이 늘어 이명박, 박근혜 두 정부에서 늘어난 총 350조원을 58조원이나 초과하고 있다. 올해 태어날 신생아는 18년 후 1인당 1억원 넘는 국가빚을 떠안게 된다고 하니 앞으로 나라빚 관리가 큰 걱정거리다.

예산 규모는 문재인 정부 출범시 407조원에서 5년만인 내년에는 50%가 늘어난 604조원으로 대폭 증가했다. 코로나로 인한 재난지원금도 예산 팽창의 큰 요인이었으나 저성장 늪에 빠진 경제에도 불구하고 정부예산만은 대폭 증가해 비싸게 먹히는 정부로 내달리고 있어 문제다. 정보통신의 발달로 인한 엄청난 생산성 향상으로 정부인력을 늘릴 필요가 전혀 없음에도 불구하고 문재인 정부는 오히려 소득주도 성장을 내세워 지난 4년 동안 공무원을 10만명 늘림으로써 비싸게 먹히는 정부를 자초하고 있다. 이는 당장의 인건비 부담 증가도 문제지만 앞으로 공무원연금 부담을 늘린다는 점에서 더 큰 문제다. 공적연금 재정은 이미 펑크가 나 내년에 공무원과 군인 연금재원 충당을 위해 총 8조원(공무언 5조, 군인 3조)을 세금으로 충당해야 할 형편이다. 여기에 사학연금도 2년 뒤 적자로 예상돼 이 역시 세금으로 충당해야 할 형편이다. 또한 국가부채에 대한 이자부담도 16조원에 달하리라 한다. 8대 사회보험에 대한 국가지원금도 근 20조원에 달한다고 한다.

문제는 이러한 폭증하는 재정부담과 국가부채를 우리 경제가 감당할 수 있느냐는 것이다. 정부는 국가부채의 대 GDP 비율이 50% 정도라 다른 선진국들에 비해 양호한 편으로 감당할 수 있다고 하나 문제는 우리 경제가 당면한 여건을 고려해 보면 결코 낙관할 수 없다.

첫째, 빚이 늘어나도 경제성장 잠재력이 크다거나 경제성장률이 높다면 덜 문제겠으나 초저출산(합계출산률 0.84)에다 고령화사회(총인구의 19.3%) 진입, 기업활동에 대한 넘치는 각종 규제 등으로 성장잠재력이 크게 낮아진 데다가 저성장 기조를 벗어나지 못하고 있다는 점이다.

둘째, 우리나라는 기축통화국이 아니라 재정이나 경제력에 적신호가 켜지면 선진국 자본의 급속한 이탈을 불러와 경제를 위험에 빠트릴 수 있다는 점이다.

셋째, 코로나 여파로 우리를 포함한 세계가 유동성을 너무 늘려 물가가 크게 오르고 있는 것도 문제고 특히 우리의 부동산버블이 하늘을 찌를 정도인 점은 크게 우려된다. 만일 부동산버블이 꺼지기라도 한다면 우리 경제는 치명적인 타격을 받게 될 것이다.

넷째, 대통령 선거를 앞두고 모든 후보들이 엄청난 재정부담을 안길 포퓰리즘적 공약을 쏟아내고 있는데 가뜩이나 재정이 어려운 판에 이는 설상가상격이어서 심히 우려된다. 자유당정권 때는 고무신 1켤레에 한 표라는 말이 유행했는데, 지금은 몇천만 원 내지는 1억원까지, 그것도 자기 돈이 아니라 나랏돈으로 주겠다고 하니 만일 이를 시행한다면 재정만이 아니라 경제가 파탄나고야 말 것이다. 재정은 정부가 생산해 얻은 것이 아니라 국민의 호주머니에서 나온 세금이다. 정부는 소비의 주체이지 생산의 주체가 아니다. 생산이 부진한데 소비만 늘린다면 곳간은 거덜나게 마련이다. 국민경제와 재정은 밀접한 관련을 가지므로 재정은 현명하게 관리되지 않으면 안 된다.

서울집값 폭등과
신도시 개발의 악순환

2021년 11월 08일

　필자는 1984년의 박사학위 논문에서 수도권 인구집중의 문제가 심각함을 지적하고 그 원인이 정부활동 및 국가재정과 관련이 있음을 밝히며 여러 가지 대안을 제시한 적이 있다. 그러나 정부는 실효적인 조치를 취하지 않았음은 물론 오히려 격차를 벌여왔다. 즉 1984년에 수도권의 인구 비율은 38.4%였는데 2020년에는 전체인구의 1/2이 넘는 50.1%가 수도권에 살고 있다. 서울의 인구밀도는 무려 1만5천865명으로 도쿄의 3배, 뉴욕의 8배에 달해 인구 밀집이 지나침을 실감할 수가 있다. 또한 수도권의 면적은 전국토의 12%에 불과한데 총인구의 1/2이 모여 살고 있으니 어느 나라에서도 볼 수 없는 참으로 기이한 현상이 아닐 수 없다. 2020년의 수도권인구가 1984년에 비해 1천만명 는 사이에 전남의 인구는 200만명, 충남 80만명, 전북 46만명, 경북 40만명씩 각각 감소하는 추세를 보였는데 이들 지역에서 빠져나온 인구만도 380만명에 달해 결국 이들이 수도권으로 몰려들었음을 입증해주고 있다.

1988년에 집권한 노태우 정부는 서해안 개발을 선언하자 서해안 지역의 부동산값이 뛰기 시작, 서울의 집값까지 폭등해 사회문제로 비화했다. 정부는 부랴부랴 부동산가격 안정화 정책으로 수도권의 일산, 안산, 분당지역에 신도시를 건설 200만호를 공급하는 정책을 실시했다. 수도권에 이러한 대량의 주택공급은 엄청난 일자리와 소득창출을 야기함으로써 수도권 인구집중을 가중시키는 요인으로 작용했다. 이는 노태우 정권 5년 동안에 수도권 인구가 무려 220만명이나 증가했다는 것으로 입증되고 있다.

2003년에 집권한 노무현정부는 지역격차의 심각성과 수도권인구 집중의 문제점을 인지하고 극약처방으로 세종시에 행정수도를 신설, 정부기관들을 이전시킴과 아울러 국영기업체들을 전면적으로 지방으로 이전시키는 과감한 조치를 실시했다. 그러나 이러한 인구 분산정책은 아이러니하게도 서울과

선진국에 진입한 한국경제 무엇이 문제인가

수도권의 부동산값을 폭등시켰고 폭등한 부동산값의 안정책으로 성남, 김포, 화성, 파주, 검단 등 10곳에 2기 신도시를 건설함으로써 실질적 분산효과를 기하지 못했다. 서울의 인구는 2003년에 1천4만명에서 2020년에 960만명으로 약 40만명이 줄었으나 오히려 수도권 인구는 2천270만명에서 2천600만명으로 330만명이나 증가(2.6% 증가)했다.

문재인 정부 역시 지나친 저금리정책과 주택공급 소홀로 서울의 집값이 폭등하자 전가의 보도처럼 3기 신도시 건설계획을 발표했다. 역대 정부는 번번이 정책실패로 부동산값을 폭등시키고 그 안정책으로 수도권에 신도시를 건설하는 악순환 정책을 판박이로 시행, 인구를 분산시키기는커녕 오히려 수도권에 인구를 집중시키는 우를 빚고 있다. 수도권에 인구가 집중되면 주택, 환경, 도로, 교통, 교육 등 여러 가지 사회문제가 발생하게 되며 그들을 해결하려면 결국 더 많은 재정투자와 사회적 비용이 소요되며 그들 투자가 이루어지면 일자리와 소득이 생겨나 다시 인구가 유입되는 악순환이 이루어진다.

결국 수도권의 인구집중을 막고 인구분산을 해결하기 위해서는 수도권과 멀리 떨어진 지역에 인구 50만 정도의 자족적

선진국에 진입한 한국경제 무엇이 문제인가

인 도시들을 다수 건설해 인구를 흡수하도록 하는 것이 최선의 방책이다. 지금처럼 수도권에 지속적으로 신도시를 건설하고 환경과 교통수단을 개선해주는 등의 조치를 계속 실시하는 한 수도권은 더욱 과밀해지고 사회적 비용은 가중되고 지역주민들의 생활은 더욱 궁핍해질 것이다. 수도권의 인구과밀은 정치집단도 비대시키기 마련인데 이들은 자신들의 지위를 공고히 하기 위해 자기들의 지역에 더 많은 재정투자를 배분하려 한다. 이러한 악순환의 고리를 끊지 않는 한 수도권의 집중문제는 물론 지역격차도 결코 해결되지 않는다. 또한 생산의 주체인 기업들도 인구가 과밀한 지역이 주 소비지역이므로 수도권에 위치하려고 하는 욕구를 갖는다. 게다가 사회적 인프라를 잘 갖추어 놓으면 사람들은 더더욱 수도권을 선호할 것이다. 진정으로 수도권 인구집중을 막고 주민들의 후생을 증대시키려면 근본적이고도 과감한 정책의 전환이 필요하다.

경제심리 도외시한 정책은 실패하기 마련

2021년 12월 06일

인간은 사회적 동물일 뿐만 아니라 경제적 동물이다. 인간의 일상생활은 바로 경제활동이고 하루, 아니 한시도 경제활동을 하지 않고는 살아갈 수 없다. 즉 인간은 살아감에 있어 재화를 획득하지 않고선 살아갈 수 없고 그들 재화를 획득하고 소비하기 위해선 반드시 경제활동을 해야만 한다. 그런데 생산활동과 소비활동을 함에 있어서 심리적인 요소가 중요한 몫을 차지한다. 우리는 경제생활에 있어 소비심리, 투자심리, 투기심리라는 용어를 자주 쓰는데 소비심리가 살아나지 않는다든지, 투자심리가 살아나지 않는다든지 또는 얼어붙었다든지, 또는 부동산 투기심리가 팽배하고 있다든지 하는 말을 자주 쓴다. 즉 인간의 각종 경제활동은 심리를 통해 표출되기 때문에 경제와 심리 간에는 대단히 밀접한 관계가 있다.

그러므로 경제를 운영하거나 경제정책을 실행함에는 절대로 생산자들이나 소비자들의 심리적인 요인을 간과해서는 안된다. 과거 정책결정을 함에 있어 이러한 심리적인 요인들을 간과해 정책이 실패한 예들을 살펴보자. 노태우 정권이 서해안 개발을 하겠다고 선언하자마자 부동산투기를 불러일으켜 서해안 일대의 땅값이 마구 오르더니 마침 88올림픽의 개최와 맞물려 부동산 투기의 광풍이 불어 서울과 수도권의 땅과 집값이 폭등했다. 이와 똑같은 현상이 노무현 정부에서도 발생했다. 노무현 정부는 행정수도 이전과 혁신도시개발, 국영기업들의 지방이전, 관광레저단지 조성 등 각종 국토개발정책을 쏟아내자 투기적인 바람을 불러 일으켜 전국의 부동산가격이 치솟았다. 만일 투기적 심리 요인을 고려했더라면 정책을 결정하기 전에 투기적인 심리를 차단하기 위한 근본대책을 강구했어야 했다. 더군다나 과거의 실패를 거울삼지 않고 실패를 되풀이하는 것만큼 어리석은 일도 없다.

기업들이 설비투자를 꺼리는 것도 심리적인 요인에 의한 것일 수도 있다. 중소기업이 좀 될만하면 대기업이 뛰어들어 중소기업을 고사시키든가 흡수해버리는 풍토가 자리 잡는다면 중소기업을 할 의욕을 꺾어 투자심리를 위축시키기도 한다. 강성노조가 기승을 부려도 사업의욕과 투자심리를 위축시킬 수 있다. 정부가 투자를 적극 장려하고 기업하기 좋은 풍토를 조성하고 노사가 협력하는 풍토를 조성해주는 일이야말로 투자심리를 자극할 수 있다. 최저임금을 단기에 무리하게 인상한다거나 노동시간을 지나치게 축소시키는 일은 당연히 투자심리를 위축시킬 것이고 나아가 성장의 제약요인으로 작용할 것임이 분명하다.

소비심리도 마찬가지다. 투자가 활성화되고 일자리가 늘어나고 고용이 안정돼야 사람들이 지갑을 열 것이지만 투자가 늘지 않고 구조조정마저 일어나는 불안정한 고용환경 속에서는 소비심리가 위축돼 소비의 증대를 기대하기 어렵다. 노사가 화합해 기업의 생산성이 향상되고 고용이 안정되는 풍토가 조성돼야 소비가 늘 수 있다. 소비도 성장의 한 축이므로 소비심리도 경제에 중요한 몫을 차지한다는 점에서 경제정책 결정에 중요시해야 할 요인이다.

문재인 정부는 코로나19 사태가 심각해지자 금리를 초저금리로 인하한 것은 수긍이 가나 부동산 대출금리마저 초저금리로 인하한 것은 부동산투기를 부추긴 정책 실패다. 왜냐하면 돈도 엄청나게 푼데다가 마땅한 투자처도 없는 터에 금리마저 종전에 보지 못한 초저금리니 부동산투자 내지 투기에 안성맞춤이었다. 임대차 3법도 심리를 무시하긴 마찬가지다. 전세금을 못 올리면 월세로 전환하거나 반전세로 전환하려 함은 뻔한 이치다. 또한 부동산투기를 막고 주택가격안정을 기하고자 다주택자들에게 징벌적 종부세를 부과하고 양도소득세를 중과하여 주택매각을 촉진하려 하나 다주택자들은 주택을 매도할 생각이 전혀 없다. 이유는 정권이 바뀌면 정책이 바뀔 것을 기대하는 심리가 팽배해 있기 때문이다. 국민의 경제심리를 고려하지 않은 정책결정은 소기의 성과를 거두지 못하거나 실패하기 십상이다.

종부세는 '악세', 폐지하는 것이 옳다

2022년 01월 04일

현행 종부세법은 부동산보유에 대한 조세부담의 형평성을 제고하고 부동산의 가격안정을 도모한다고 명시됐다. 노무현 정부 들어 만들어진 종부세법은 부동산 가격을 안정시키긴커녕 문재인정부 들어서도 집값이 폭등, 애꿎은 서민들의 '내 집 마련' 꿈이 말살됨과 아울러 주택소유자들은 종부세 폭탄을 맞고 신음하는 처지가 되고 말았다. 집값 안정은 세제로 이룩하는 게 아니라 주택의 수요·공급 관련된 제반 정책, 이를테면 금융정책과 주택공급정책 등을 통해 이루어지는데 엉뚱하게 조세정책을 통해 해결하겠다는 발상 자체가 근본적으로 잘못된 접근법이었다. 결국 종부세는 중산층에게 징벌적 세금폭탄만 안겨주고 세수확충의 기능만 충실히 해주는 역할을 수행할 뿐이다.

종부세가 어떤 문제점을 안고 있나.

첫째, 종부세가 부동산 가격의 안정을 도모해준다고 했는데 안정을 시키기는커녕 폭등에 폭등을 거듭해왔으니 종부세의 취지 자체가 사라졌다.

둘째, 종부세가 부담의 형평성을 기한다고 해놓고 부동산 가격이 폭등해 종부세 부담이 눈덩이처럼 커졌는데도 강남의 수십억 고가주택은 고령자이면서 장기보유자는 최근 종부세 부담이 오히려 줄었다고 한다. 이는 또 다른 형평성의 문제를 일으킨다.

셋째, 정부는 과중한 세금을 부담하기 싫거나 부담할 능력 없으면 팔고 이사 가라는 식인데 서울의 종부세 해당자 48만 세대가 한꺼번에 이사 갈 수도 없거니와 세금 중과로 주거지의 강제 이전을 유도한다는 것도 지극히 비윤리적이다. 더구나 집값이 다 올라서 팔고 이사하려 해도 장기보유자나 고령자가 아니면 팔아서 양도소득세 물고 나면 평수만 줄뿐 이득이 없으므로 이사도 갈 수 없고 앉아서 울며 겨자먹기식으로 세금만 물 수밖에 없다.

넷째, 정부의 정책 실패로 집값이 폭등했는데 갑작스레 생긴 미실현이득을 과표로 삼아 세 부담을 폭증시키는 것은 정상적인 과세로 보기 어렵다.

다섯째, 집을 늘리거나 좀 더 나은 환경의 집을 구하려는 서민들도 과중한 보유세 부담 때문에 그런 선택을 할 수 없게 만들며 또한 신분상승의 기회마저 박탈하게 된다.

여섯째, 주택에 대한 중과세는 결국 그 부담을 전 월세입자들에 전가하지 않을 수 없기 때문에 전세금이나 월세를 인상하지 않을 수 없게 만들어 무주택자들의 생활을 더욱 곤궁하게 만들 것이므로 이 또한 형평에도 어긋난다.

일곱째, 다주택자들에게 세금폭탄을 가한다면 결국에는 임대주택 공급이 줄어들어 임대료 인상을 가져다 줄 것이므로 이 또한 결국에는 서민인 임차인들만이 손해를 입게 될 것이다.

여덟째, 세금은 부담능력도 고려해야 하지만 지급능력도 고려해야 하며 예측성도 고려해야 한다. 집값을 갑자기 폭등시켜놓고 일시에 세금을 폭증시키면 별도의 소득이 없는 한 감당

선진국에 진입한 한국경제 무엇이 문제인가

하기 어렵다.

아홉째, 세제는 단순하고 명료해야 하는데 하나의 과세물건에 재산세와 종부세를 이중적으로 부담시키는 것도 사리에 맞지 않으며 세무행정의 복잡성을 야기할 뿐 아니라 납세자들에게도 세금 응대 비용 부담을 안겨준다.

이상에서 살펴본 바와 같이 현행 종부세는 취지를 살리지 못할 뿐 아니라 국민에게 희생과 부담만 안기는 악세다. 경제가 저성장의 늪에 빠져 있는 데다가 코로나19 사태로 경제 상황이 극도로 어려운 형편에 국민에게 세금부담을 폭증시키는 처사야말로 중산층은 물론 무주택자들까지 다 같이 곤궁하게 만드는 처사다. 따라서 징벌적 성격의 종부세를 폐지하고 재산세만으로 적정한 세율로 종합 누진 과세하는 제도를 택하는 것이 바람직하다.

2022 우리경제 심히 우려된다

2022년 02월 07일

새해 들어선지 한달이 지났다. 지난해는 코로나19 사태에도 불구하고 초저금리와 풍부한 유동성 공급, 정부의 적극적인 재정투입, 국내대기업들의 수출신장에 힘입어 4% 정도의 성장이 이루어졌다. 재작년 성장이 마이너스 1%였으므로 기저효과도 한몫 했다. 그러나 올해는 국내외적으로 여러 악재들이 도사리고 있어 경제 성장이 결코 녹록지 않을 것으로 보인다. 코로나 사태도 오미크론의 창궐로 새로운 복병으로 등장해 우리들을 다시 위협하고 있는 것도 문제다. 금년 우리경제에 어떤 난제들이 도사리고 있는지를 살펴보기로 하자.

첫째, 물가문제가 심상치 않다. 올 1월 소비자물가가 전년 동기비 3.6% 올랐으나 서민들의 체감물가와는 상당 동떨어져 있다. 설렁탕과 갈비탕, 자장면 등을 비롯해 각종 생필품 가격이 10% 이상 줄줄이 올랐다. 더욱이 그동안 미룬 전기·가스 등 공공요금 인상이 대기하고 있다. 여기에 세계적 과잉 유동성에 따른 원자재 및 국제농산물가격 급등, 미·중 갈등에 따른 공급망 교란, 지난해 우리의 생산자물가가 6.4%나 오른점, 그리고 중국의 생산자물가도 9.7%나 올랐으므로 금년의 우리 물가는 심상치 않다.

둘째, 기축통화국인 미국이 긴축정책으로의 방향전환이 필수인데 그에 따른 여파도 만만치 않다. 미국은 과거 소비자물가가 2%만 올라도 즉각 긴축적인 재정 금융정책을 실시해왔던 나라다. 그런데 지난해 소비자 물가가 7%나 올랐다. 이는 비상사태다. 결국 유동성 축소와 금리인상이 불가피해졌으며 금리는 연말 안에 1% 아니 그 이상까지 올릴 가능성도 있다. 우리는 선제적으로 기준금리를 1.25%로 올렸으나 연말 안에 2%까지 올릴 가능성마저 있다. 이는 1천900조원에 달하는 가계부채에 큰 부담을 안길 것이고 이는 소비지출 억제로 이어질 것이다. 미국의 금리인상은 예고에도 불구하고 이미 국내 주가지수는 전 고점인 3,300에서 2,600수준으로 크게 하락했

선진국에 진입한 한국경제 무엇이 문제인가

다. 만일 미 금리 인상으로 해외자금이 빠져나가는 현상이라도 발생한다면 국내주식시장에 미치는 파장이 클 것이며 이 또한 국내경제에 침체요인으로 작용할 것이다.

셋째, 국제유가를 비롯한 원자재값이 치솟음으로써 무역수지의 적자를 위협할 것으로 전망되는 점 또한 우려된다. 이미 지난 12월에 5억9천만 달러, 1월에는 49억 달러의 2개월 연속적자를 기록한 데다가 적자폭이 확대됐기 때문이다. 무역수지 적자가 지속되고 만일 경상수지마저 적자로 돌아서면 환율 불안을 야기할 수도 있어 경계하지 않으면 안 된다. 이미 환율은 10%에 가까운 절하로 1천200원대에 진입했는데 이 또한 물가상승 요인으로 작용할 수 있다.

넷째, 그동안 천정부지로 올랐던 부동산시장은 금리 인상과 대출억제를 통한 긴축기조의 정책전환과 과다한 각종 세금부담 등으로 위축되지 않을 수 없다. 따라서 부동산 가격은 꺾일 수밖에 없는데 과연 어디까지 내려갈지는 예상하기 어렵지만 산이 높으면 골이 깊기 마련이어 그 충격도 걱정된다. 정부의 긴축정책이 부동산 가격을 연착륙시킨다면 다행이나 그렇지 못하고 경착륙으로 간다면 우리 경제에 치명적인 타격을 안겨

선진국에 진입한 한국경제 무엇이 문제인가

줄 수도 있다.

다섯째, 정부는 내년도 설비투자를 3% 증가로 전망하나 중대재해 처벌법 시행을 비롯해 고임금, 노동시간 억제, 강성노조 등 투자환경이 전혀 우호적이지 않아 목표달성이 의문시된다.

여섯째, 대통령선거전이 여야를 막론하고 오로지 정권욕에만 사로잡혀 포퓰리즘적인 공약을 남발하고 있는데 만일 그들 공약을 지키려 한다면 재정은 파탄나지 않을 수 없으며 물가를 잡기 위한 긴축도 효과를 발하지 못할 것이므로 경제는 극도의 위험에 처할 수 밖에 없을 것이다. 우리가 처한 이상의 제반 문제점들을 고려해볼 때 금년의 우리경제는 우울한 한해가 될것으로 전망된다. 정부는 3% 이상의 성장을 기대하는가 본데 그 달성이 쉽지않을 것으로 보여 보다 치밀하고 현명한 대처가 절실한 상황이다.

급격한 인구 감소,
경제 위협 요소

2022년 03월 08일

우리 경제를 위협하는 중장기적인 요인들을 들라 하면 인구 감소와 고령화를 들지 않을 수 없다. 이미 우리 사회는 4년 후면 고령자(65세 이상 인구)가 총인구의 20%를 점하는 초고령사회가 된다. 고령자 문제는 우리 경제에 큰 짐으로 중요한 경제 이슈지만 이에 못지않게 심각한 문제로 등장하고 있는 것이 인구의 급격한 감소다.

생산의 3요소란 토지·노동·자본으로, 인구는 바로 노동의 공급원으로 국민경제에 있어서 대단히 중요한 몫을 차지한다. 오늘날 세계경제 강국으로 자리매김하고 있는 나라들이 바로 인구대국들이다. 중국, 미국, 일본과 같은 인구대국들은 물론

이고 독일 8천400만, 영국 6천900만, 프랑스 6천600만 등 경제대국이 되려면 국토도 넓어야 하지만 인구가 어느정도 받쳐주어야 하는 것이 필수적이다.

우리도 비록 국토는 작아도 인구가 5천만 수준에 이른 것이 세계 10대 경제 강국 반열에 오를 수 있었던 중요 요인이었다. 우리는 경제개발 초기에는 급격한 인구증가가 생산보다는 소비주체로서의 역할이 더 크다는 점에서 경제발전에 장애요인으로 지목, 산아제한에 열을 올렸다. 그러나 경제규모가 3만달러 수준에 달한 지금의 경제상황에서는 인구감소가 오히려 경제성장과 발전에 장애요인으로 작용하고 있다.

최근 결혼 건수의 추이를 보면 2011년 33만건에서 2020년 21만건으로 약 36% 감소했고, 총 출생아수는 2010년 47만명에서 2020년 27만명으로 43%가 감소했다. 또한 이 기간 중·초등학교 진학자 수만 보더라도 65만명에서 47만명으로 28%가 감소했다. 지금의 인구출산율이 0.81에 OECD 꼴찌라니 그 도가 심하다. 이런 추세대로 간다면 출생아수 10만명도 멀지 않다고 한다. 재정을 수백조원 들인 출산장려책의 결과가 이렇다니 더욱 놀랍다. 통계청 전망에 따르면 2070년에는 우리의 인구가 3천700만명 수준이라 하니 장래가 심히 우려된다.

인구는 생산의 주체인 노동력의 공급원일 뿐 아니라 동시에 소비의 주체이고 병력자원이라는 점에서 경제 사회에 미치는 효과가 매우 중요하다. 최근의 급격한 인구감소는 무엇보다도 우리 경제가 활력을 잃고 저성장의 늪에 빠진 것이 가장 커다란 원인이다. 그런데 저성장의 원인이 주로 외생적인 요인이 아니라 내생적인 경제정책의 실패에서 비롯된 것이라는 점이 문제다. 즉 과도한 급격한 임금인상, 지나친 친노동 정책, 지나친 규제입법 남발은 경제의 활력을 잃게 한 중요 요인이다. 저성장으로 일자리 얻기도 어렵고, 좋은 일자리 구하기가 어려울 뿐 아니라, 주택정책 실패에 따른 주택가격 폭등마저 빚어져 장래가 불확실한 것이 결혼기피와 저출산의 가장 커다란 요인이라 생각된다.

이들 경제요인 외에 젊은이들의 가치관이 바뀐 것도 한 요인이다. 지인한테 들은 이야기지만 수 년 전 결혼한 자녀에게 아이 하나 낳으면 한 아이당 5억원을 주겠다고 제안했으나 거절당했다고 한다. 즉 돈 때문에 아이를 출산하지 않는 것만도 아니고 단순히 편하게 살고자 하는 심리도 강하다는 점이다.

 또한 결혼기피 현상도 저출산의 중요 요인인데 요즘에는 생활도구가 매우 발달되고 먹거리도 쉽게 구할 수 있어 혼자서 편하게 살 수 있다는 점, 선진문화의 유입과 더불어 성생활이 자유로워진 점, 그리고 여성의 지위가 향상되어 취업기회가 늘고 남자의 도움 없이도 살아갈 수 있는 점, 결혼한 후에도 부부간에 갈등이 생기면 쉽게 이혼으로 이어지는 점들도 결혼 기피요인으로 볼 수 있다. 이들 요인이 복합적으로 작용해 저출산과 인구감소를 야기하고 있어 문제해결이 쉽지 않다. 그러니 아이 하나 낳으면 100만원을 준다느니 저렴한 임대주택을 준다는 등의 웬만한 유인책으로 인구를 늘리기는 어려울 것 같다. 그렇다 하더라도 인구감소를 막는 최선의 방책은 시혜성 재정지원보다는 경제가 활력을 찾도록 해 지속적인 성장이 확보됨으로써 젊은이들의 장래가 확실하게 보장되도록 하는 것이다.

지난 46년간 소비자물가 韓 10.8배, 日 1.8배 올라

2022년 04월 04일

지난 46년간 우리와 일본의 물가상승 추이를 비교해보니 우리의 물가가 너무 올라 물가정책에 문제가 있음을 알 수 있다. 지난해 우리의 1인당 국내총생산(GDP)이 3만5천달러에 달해 일본의 4만달러에 육박해 우리가 놀랄만큼 성장해왔다. 즉 1975년에 우리의 1인당 GDP는 646달러였는데 일본은 4천600달러여서 일본이 우리의 7배에 달했는데 현재는 거의 비슷한 수준에 달했으니 우리의 성장이 월등했음을 볼 수 있어 우쭐한만도 하다. 다시 말해 우리의 현재 1인당 GDP는 1975년에 비해 54배가 늘었는데 일본의 1인당 GDP는 8.8배만큼만 늘었다. 이런 수치만 보면 우리의 국민후생이 엄청나게 향상됐다고 생각할 수 있을 것이다.

하지만 이 기간 중 양국의 소비자물가 상승추이를 보면 그렇지만도 않음을 알 수가 있다. 즉 이 기간중 우리의 소비자물가 상승률은 무려 10.8배인데 일본의 그것은 1.8배에 그쳤다는 것이다. 즉 일본의 물가는 우리에 비해 극도로 안정됐다는 점이다. 거의 반세기동안에 일본의 물가는 배도 안되는 수준으로 올랐다니 상상이 안될 정도다. 필자는 1975년에 일본에 체재했는데 점심 한끼를 450엔 정도로 해결하곤 했다. 그런데 2년 전에 일본에 가서 점심 한끼를 1천엔 정도로 해결할 수가 있어 놀라웠다. 또 놀란 것은 1975년에 통용되던 1엔, 2엔이 아직도 통용되고 있으니 물가가 얼마나 안정돼 있는지를 실감할 수가 있었다.

이에 반해 우리의 물가는 상대적으로 너무나 올라 경제가 크게 성장했으나 국민들의 후생은 그만큼 좋아지지 않았음을 알 수가 있다. 1970년에 비해 현재의 주요 물가를 비교해보면 시내버스 요금은 120배(10원에서 1천200원), 자장면은 50배(100원에서 5천원), 쌀은 33배(40kg 2천880원에서 9만6천200원) 올랐다. 최근에는 10원짜리가 아예 쓸모가 없이 사라졌고 100원짜리도 거의 쓸데가 없어졌으며 최근의 물가상승 추세로 보아 500원짜리도 곧 사라질 것으로 전망된다. 즉 물가

선진국에 진입한 한국경제 무엇이 문제인가

가 너무 올라 화폐가치가 크게 떨어졌음을 나타내주고 있다.

그렇다면 일본의 경우는 물가가 어떻게 그렇게 안정될 수 있었는가? 첫째는 환율의 지속적인 절상이 한몫을 했다. 일본은 지속적인 국제경쟁력 강화에 힘입어 대미 무역수지 흑자가 계속 누적되자 미국이 강력하고도 지속적인 압력을 가해 일본엔화의 절상을 요구한 것이 수입물가 안정을 통한 국내물가 안정에 크게 기여했다. 즉 일본엔화의 대미달러 추이를 보면 과거 1달러에 360엔 하던 대미환율이 현재 1달러에 118엔을 기록하고 있어 일본의 수입물가 안정에 절대적으로 기여했다. 일본은 우리와 마찬가지로 이렇다 할 국내자원이 없기 때문에 대부분의 원자재를 수입에 의존하고 있다. 그러므로 일본엔화의 지속적인 절상은 일본국내의 물가안정에 크게 기여했다. 둘째 일본의 노사관계의 안정이 물가 안정에 크게 기여했다고 볼 수 있다. 즉 일본은 노사관계가 매우 안정되어 있어 매년 임금인상이 극히 낮은 수준에서 결정돼 임금이 물가에 거의 영향을 미치지 않는 것도 물가안정 요인이다.

그런데 우리는 1973년에 1달러에 397원하던 것이 현재 1천240원으로 거의 3배가 절하됐다. 따라서 우리는 이런 환율

선진국에 진입한 한국경제 무엇이 문제인가

의 절하가 물가상승 요인으로 작용했다. 또한 노조의 지속적이고도 과격한 임금인상 투쟁은 임금의 급격한 상승을 초래하고 여기에 정부의 과도한 최저임금 인상이 더해져 물가상승에 크게 기여했다. 또한 고도성장을 추구해오는 과정에서 수요초과 인플레 현상이 빚어진 것도 한 원인이다. 결론적으로 우리의 소득이 일본에 비해 상대적으로 크게 증가했으나 서민들의 생활과 밀접한 관련이 있는 소비자물가는 너무 올라 우리 국민의 후생이 일본에 비해 소득이 는 만큼 좋아졌다고 할 수 없다. 더군다나 최근의 소비자물가는 4% 상승에 달해 물가상승이 심각한 수준이다. 따라서 정부는 국민의 후생증진을 위해 물가안정 정책에 보다 역점을 둘 필요가 있다.

文정부,
재정 씀씀이 나쁜 선례 남겨

2022년 05월 02일

　문재인 정부의 지난 5년간 재정상황을 보면 예산규모는 407조원에서 무려 50%가 증가한 604조로 늘었고 국가부채는 1천433조원에서 53%가 증가한 총 2천200조원에 달해 엄청난 재정팽창을 보였다. 이러한 엄청난 재정지출의 증대는 '코로나19 사태로 인한 비상시국에서 불가피했다'고 하는 사정을 어느 정도 이해할 수도 있다. 하지만 지나친 재정의 확대와 적자재정 누적은 국민부담을 가중시킬 뿐만 아니라 물가 상승의 주범이라는 점에서 극도로 자제되고 경계됐어야 함에도 지나치게 방만하게 운영된 감이 들어 매우 안타깝다. 재정지출 재원은 엄연히 국민의 호주머니에서 나오는 혈세를 통해 조달되는 것이므로 절대로 낭비적으로 쓰여져도 안되고 반드시

효율적으로 쓰여져야 한다. 그럼에도 불구하고 문재인 정부의 재정 씀씀이를 몇가지 사례를 통해 보면 이해하기 어려운 점들을 볼 수 있어 씁쓸하다.

첫째, 제1차 재난지원금을 소득에 관계없이 1인당 무조건 25만원씩 지급한 것이라든지 자영업자 손실보상금(2차)을 모두에게 300만원씩 지급한 것은 형평의 차원에서 보면 잘못된 조치였다. 코로나 사태하에서 소득에 아무런 변화가 없었거나 소득이 증가한 사람들에게도 똑같이 25만원을 줄 필요는 없었다. 같은 논리로 자영업자 손실보상금도 모두에게 똑같이 줄 필요가 없는 것이다. 돈 준다는데 싫어할 사람은 없다. 하지만 이러한 예산은 절대 공짜가 아니다.

둘째, 코로나에 걸린 사람들에 대한 보상금 지원은 더욱 가관이다. 고무줄 보상이라고 하면 딱 맞을 것 같다. 코로나로 사망한 장례지원금은 최초에는 1천만원을 지급하다가 최근에는 300만원으로 낮아졌다고 한다. 얼마의 인원이 코로나로 죽을지 예상을 할 수 없었으니 정확한 예산 책정이 어려울 수 있었겠지만 그렇더라도 1천만원과 300만원은 너무나 차이가 크다. 도대체 어떤 원칙과 기준에서 책정된 금액인지 의아하다.

코로나에 걸린 사람들에 대한 지원금도 마찬가지다. 지난해 12월에 걸린 2인(부부)의 경우에는 무려 137만원이 지급됐는데 올해 3월16일 이전에 걸린 2인의 경우에는 41만3천원, 3월16일 이후에 걸린 2인은 15만원이 지급된다고 한다. 이렇게 차이가 많이 나는 이유가 무엇인지 알 수가 없다. 주먹구구식 대처나 다름없다고 하면 과한 표현일까.

셋째, 재정투융자의 경우에는 철저한 편익 비용분석이 필수적이건만 이를 무시하고 재정을 집행하는 것은 효율성 측면에서 문제가 된다. 경제적 타당성을 무시하면 비효율적이거나 낭비적일 수가 있다. 그런데 부산 가덕도공항건은 이미 사업 타당성 검토를 통해 사업성이 없는 것으로 평가됐음에도 정치적으로 이를 뒤집었으며 예비타당성 검토를 거치지 않고 지역 균형발전 또는 다른 명분으로 추진된 사업이 총 100조원에 이른다고 하는데 이는 경제적 효율을 무시한 편법적인 지출로 정상적이지 않다. 재원은 한정돼 있는 만큼 우선순위를 정해 효율적인 사업에 지출되는 것이 필수적인데 편법에 의한 지출은 낭비를 야기함은 물론 결국 국민들에게 추가적인 부담을 안긴다는 점에서 결코 바람직하지 못하다.

넷째, 공무원수를 13만명이나 늘린 것은 경제상황을 도외시한 무모한 짓이었다. IT부문의 발달로 정부도 인력확충이 필요없음에도 고용창출을 내세워 공무원을 대폭 늘린 것은 전혀 잘못된 처사다. 치열한 국제경쟁 사회에서 민간부문만 경쟁력을 필요로 하는게 아니라 정부도 경쟁력을 갖춰야 한다. 정부가 경쟁력이 없으면 결국 민간부문의 경쟁력에 부정적인 영향을 미치기 때문이다. 결국 재정이 낭비적이거나 비효율적이면 국민경제에 악영향을 미치기 때문에 극도로 경계하지 않으면 안된다. 재정지출의 중요성을 간과하고 대수롭지 않게 여기는 행태는 더이상 반복되거나 지속되어서는 안된다. 새 정부는 이 점 반드시 유념해야 한다. 전 정부의 전철을 다시 밟아서는 안된다.

거꾸로 가는 지방재정 자립,
지방자치제 의미 퇴색

2022년 05월 30일

　지방자치제는 민주주의 실현의 가장 기초적이면서도 실질적인 기반, 즉 풀뿌리민주주의라는 점에서 국민들이 오랫동안 그 실시를 염원해왔다. 그랬던 지방자치제가 실시된지 30년이 됐다. 지방자치제는 지역주민의 자율적인 의사결정을 통해 그들이 실제로 필요로 하는 공공서비스를 그들의 요구에 따라 공급할 수 있을 뿐만 아니라 주민들의 자발적인 참여의식을 고취함으로써 그들의 부담을 정당화할 수 있고 또한 지역경제의 활성화를 통해 지역간의 균형적 발전을 도모할 수 있는 등 많은 이점을 지니고 있다. 특히 그동안 정치경제의 중앙집권내지 중앙집중은 우리 경제사회에 많은 폐해를 가져다줬다는 점에서 지방자치제에 거는 기대는 자못 컸었다.

그러나 이런 기대에도 불구하고 자지단체간 경제력 격차가 워낙 크고 그에 따라 재정력 격차도 몹시 커서 재정재원의 자주적 확보가 어려운 처지의 지방단체가 허다하다는 점에서 과연 지방자치제가 명실상부하게 실시될 수 있을 것인가 하는 의문이 제기됐던 것도 사실이다. 왜냐하면 지방단체의 재정자립이 제대로 이루어지지 않는다면 명실상부한 자치기능을 발휘할 수 없을 것이기 때문이다.

자치제 실시 후 현시점에서 지방재정의 자립도가 어느 정도 향상됐는지를 살펴보자. 전국평균 재정자립도(순계)는 1997년 63%였는데 2021년에는 48.7%로 14.3%나 낮아졌다. 이 기간 중 특별시와 광역시(총계)는 89.4%에서 58.9%로 무려 30.5% 낮아졌고, 도는 42.5%에서 36.5%로, 시는 53.3%에서 32.3%로, 군은 21.2%에서 17.3%로, 자치구는 51.6%에서 28.5%로 근 1/2수준으로 각각 낮아져 재정자립도가 오히려 악화됐음을 볼 수 있다. 즉 자치제를 실시하고 난 후 재정자립도가 높아진 것이 아니라 오히려 크게 악화됐음을 볼 수 있다. 또한 2021년의 경우 인건비조차 해결하지 못하는 자치단체가 전체의 1/4에 해당하는 63곳이나 되고 이들 가운데는 군 단위가 51곳, 시 단위가 4곳, 자치구가 8곳에 이른다고 한다.

선진국에 진입한 한국경제 무엇이 문제인가

또한 재정자립도가 31%미만이 173곳이나 된다. 경기도에서도 30%이하인 단체가 9개나 된다.

이같은 현상을 놓고 볼 때 기대가 컸던 우리의 지방자치제는 허울만 자치제지 실질적으로는 제대로 실시되지 못하고 있다는 것이다. 결국 자치제가 실시된 후에도 중앙정부의 재정이 막강한 위력을 발휘하고 있음을 말해주고 있다. 지방자치단체들은 그들의 재정재원을 자치적으로 해결하는 것이 아니라 더욱 더 중앙정부에 크게 의존해오고 있다. 자치단체의 재정자립이 제대로 이루어지지 않는 중요한 이유는 첫째, 국세와 지방세 비율이 8:2로 중앙에 편재돼 있고, 둘째, 지방재정을 지원하기 위한 제도인 지방교부세율을 계속 19.24%로 묶어놓고 있으며, 셋째, 수도권의 경제력 집중이 심하다는 데 그 원인이 있다. 2021년에 재정자립도가 50%를 넘는 자치단체는 서울본청이 80.6%이고 세종시가 64.0%, 경기도 63.7%, 인천 56.1%, 울산 54.4로서 수도권 지역의 자치단체가 우위를 점하고 있다.

결국 서울을 비롯한 수도권과 대도시만이 풍부한 경제력을 뒷받침으로 해 그나마 높은 재정자립도를 유지하고 있으나 기타 지역들은 중앙정부에 크게 의존할 수밖에 없는 처지다. 따라서 진정한 자치제를 확립하기 위해서는 지역간 경제력 격차를 줄이기 위한 보다 근본적이고도 과감한 대책(수도권 집중 억제 및 분산정책)이 필요하며, 국세 중 상당 부분을 지방정부에 이양할 필요가 있고, 현행 지방교부세율 19.24%를 25% 또는 그 이상의 수준으로 높이도록 해야 하며, 지역개발과 공업 분산화 정책을 위한 지방세 감면제도를 국세에서 감면해주는 제도로 바꿔야 할 것이다.

윤정부는 목적세인 국세교육세와 지방교육세 하루빨리 폐지해야

2022년 06월 27일

교육재정의 확충에 필요한 재원을 확보하기 위해 마련된 교육세는 국세이자 목적세로 1982년에 5년 한시적으로 도입된 이래 계속 연장돼오다가 1992년에 영구세로 전환됐다. 국세인 교육세는 독자적인 세원에 과세하는 것이 아니라 다른 국세 또는 지방세액에 덧붙여서 부과하는 부가세 형태로 부과한다.

목적세는 공공서비스의 편익에 따라 조세부담을 과징하는 것으로 일종의 응익(應益)과세인데 만일 편익에 따른 부담배분이 가능한 경우라면 효율성을 확보할 수 있다는 점에서 옹호될 수 있다. 하지만 과거 실시해오다가 1991년에 폐지된 방위세를 비롯 현행의 목적세인 교육세는 사용목적, 즉 용도가 정해져 있다는 점에서만 목적세일 뿐 사실상 응익원칙과는 거리가 멀다. 단적인 예로 교육세는 과세대상인 술과 교통에너지가 교육과 아무런 관련이 없다는 점에서 잘 입증되고 있다. 지방교육세도 마찬가지다. 따라서 우리의 목적세는 말로만 목적세지 실질적인 목적세가 아니라는 점이다. 결국 목적세의 도입목적은 증세를 위한 수단이거나 특정목적에의 지출보장수단으로 활용돼오고 있다는 것이다.

그런데 목적세는 일반적으로 근대예산제도의 통일성 원칙에 저촉될 뿐만 아니라 세정을 복잡하게 하고 경직적이며 지출의 효율을 저해하므로 다른 나라에서는 좀처럼 채택하지 않는다. 왜냐하면 지출의 효율을 달성하기 위해서는 모든 지출 대상을 함께 고려해 지출을 결정하는 것이 이상적이기 때문이다. 즉 1원을 지출해야 하는 경우 여러 가지의 용도에 있어서 그것이 가져다 줄 한계편익이 최대로 되는 것에 지출해야 한다. 그러나 목적세를 통한 재정지출은 수입에 의해 지출이 결정되기 때문에 설사 더 큰 편익이 주어지는 다른 용도가 있다하더라도 그 용도에의 지출을 막을 수밖에 없다. 또한 이와 반대로 목적세를 통한 지출부문에 더 많은 지출이 요구되는 경우 지출증대가 어려워진다. 또한 필요 이상으로 세수가 확보되는 경우에는 낭비적으로 쓰여져 비효율을 초래할 수밖에 없다.

　그럼에도 불구하고 우리는 교육이 국가의 100년대계를 이룬다고 하는 지상의 과제를 달성하고자 하는 취지 하에 이 제도를 도입·실시해왔다. 하지만 우리의 교육도 여러 가지 면에서 선진국 수준에 이르렀으므로 더 이상 교육발전이라는 미명 하에 비효율적인 목적세 제도를 존치시킬 이유가 없다고 생각된다. 이제 그 이유를 들어보기로 하자. 첫째, 교육부는 대학 등록금을 14년째 동결시켜 대학재정을 피폐화시키면서 목적세수로 거둬들인 재원으로 대학을 지원한다는 미명 하에 여러 가지 명목으로 꼬리표를 달아 떡고물 나누어주는 식으로 대학을 통제하고 있다. 대학의 자율성을 제한하고 교육부에 의존케 하는 시스템을 더이상 존치시켜서는 안된다. 특히 교육세의 재원 중 교통에너지환경세수가 과반을 차지하고 있는데 유가가 하락 내지 안정된 지난 7년동안 교육세수는 제자리였고 최근과 같이 유가가 급상승하는 경우에는 교육세수가 크게 늘어나게 돼 불안정한 세수라는 것도 문제다. 둘째, 지방교육세도 똑같이 비효율적이다. 지방교육세는 국세인 교육세중 지방세에 부가하여 징수하던 교육세를 지방세법에 이관해 징수하는 제도이다. 학령아동은 계속 줄어드는데 세수는 계속 늘어

(지난7년간 56%증가)낭비적으로 쓰일 수 밖에 없다. 특히나 이에 더해 내국세수의 20.79%를 지방교육재정교부금으로 배정토록 돼 있어 각 교육청은 넘치는 재원으로 흥청망청 쓰고 있다 한다. 시골의 어떤 초등학교는 학생수는 40명에 불과한데 교장실에는 대형 TV가 설치되어 있는가 하면 멀쩡한 건물을 보수하거나 태블릿 PC를 무상으로 지급하는등 예산이 낭비적으로 쓰인다고 한다. 우리는 더이상 목적세의 폐해를 없애기 위해서도 교육세의 목적세 제도를 즉각 폐지해야 한다. 폐지에 따른 세입부족액은 부과세목 세율조정으로 보완하면 된다.

바람 잘 날 없었던 세계경제 100년

2022년 07월 25일

　지난 100여년간의 세계경제를 돌아보면 오늘에 이르기까지 참으로 우여곡절이 많았다. 어떤 일들이 있었는가를 되돌아보는 것도 의미 있는 일이다.

　첫째로, 일찍이 칼 마르크스는 그의 저서 자본론을 통해 자본주의가 지니고 있는 문제점을 지적하고 자본주의는 필연적으로 멸망할 것이라고 예언했다. 그런데 1917년에 소련이 사회주의 혁명을 일으켜 세계경제는 기존 단일의 자본주의 체제에서 두 개의 양분된 체제로 변화됐다. 이런 사태가 영향을 미쳤는지 또는 자유방임적인 시장경제의 한계였는지 1929년에 대공황이 발생했다.

둘째, 1945년 제2차 세계대전이 끝날 때까지 제국주의 국가들의 약육강식 시대에 식민지였던 우리를 포함한 많은 나라들이 종전과 더불어 해방과 독립을 맞았다.

셋째, 2차 대전 후 미국을 비롯한 자본주의체제 국가들은 존 케인즈 경제학의 유효수요이론을 경제정책에 활용해 괄목할 성장을 이뤘다. 자본주의 체제의 성공사였다.

넷째, 2차대전 후 미국 달러화 35달러당 금1온스를 교환해주기로 한 기축통화제도를 1971년 8월15일 폐기하기로 해 닉슨쇼크가 발생했다. 또한 미국의 대일무역 적자 누적 해소 책으로 일본엔화를 1달러당 360엔에서 308엔으로 대폭 절상했고 1985년에도 플라자 합의를 통해 더욱 절상시켰다.

다섯째, 1973년에 시작된 중동전쟁으로 인한 오일쇼크는 제2차 세계대전 이후 세계경제를 가장 심각한 불황으로 몰아넣었다. 1974년 1월부터 석유 1배럴당 5.12달러에서 11.65달러로 파격적으로 인상함으로써 우리를 포함한 미국과 일본 등 대부분 나라들의 경제가 마이너스 성장으로 전후 최대의 불황을 겪었다. 불황 가운데 물가가 치솟아 스태그플레이션(불황 속의 물가상승)이라는 용어가 최초로 등장했다. 그 후 1979년에 다시 제2차 오일쇼크가 발생, 1981년에는 배럴당 34달러까지 상승해 또다시 세계경제를 불황으로 몰아넣었다.

여섯째, 1989년 동독의 패망으로 독일이 통일되고 1991년 사회주의국가인 소련체제가 붕괴돼 15개의 독립국가가 생겨난 대변혁이 생겨났고 이들도 자본주의 체제로 회귀됐다. 또한 사회주의경제 세력의 두 축의 하나인 중국마저 빈곤의 굴레에서 벗어나지 못하고 자본주의 국가들과의 경쟁에서 낙오되자 자본주의 생산방식으로 방향 전환을 함으로써 이제까지 양분된 시장이 다시 단일의 시장으로 회귀하는 세계경제사에 대변혁의 사태가 발생했다. 결국 이들 국가들은 개방화와 세계화를 통해 높은 성장을 이뤘고 탈냉전의 시대가 열렸다.

일곱째, 1997년에는 우리를 포함해 고도성장을 해온 동남아 중진국들이 개방화와 세계화에 노출되고 국가가 경제를 현명하게 관리하지 못함으로써 동남아외환시장의 위기를 자초했다. 달러가 바닥나고 대기업들이 줄도산하고 대량의 실업사태가 발생해 경제가 추락했다.

여덟째, 2008년의 미국발 서브프라임 모기지 사태로 촉발된 금융위기는 세계공황을 야기하지 않을까 걱정했지만 다행히도 위기로까지는 이어지지 않았다.

아홉째, 2019년에 발생한 코로나19로 인한 대역병 사태는 세계경제를 마이너스 성장으로 몰아넣었다. 코로나19는 세계화 개방화에 따른 일일생활권의 영향으로 빠르게 세계를 점령, 종전에 볼 수 없었고 경험하지 못한 대역병으로 발전했다. 또한 이로 인한 불황 저지를 위한 과잉유동성공급은 고율의 인플레를 일으켰다.

열째, 2022년의 러시아의 우크라이나 침략은 에너지와 곡물가격 파동을 일으켰고 코로나로 시달리고 있는 세계경제를 더욱 어렵게 만들고 나아가 냉전시대로의 회귀 또는 모처럼 이룩한 세계화와 개방화를 저해하지 않을까 우려된다.

선진국에 진입한 한국경제 무엇이 문제인가

사과하는 경제학자와
그렇지 않은 경제학자

2022년 08월 22일

경제학자란 경제학을 연구하고 가르치며 생활해가는 사람을 일컫는다. 이들은 여러 가지의 경제현상을 연구하고 이론을 만들어 후학들에게 가르치기도 하고 정부의 경제정책에 대해 자기 지식을 토대로 제안하기도 하며 때로는 평가하기도 하고 비판하기도 한다. 뿐만 아니라 장래의 경제에 대한 자기 나름대로의 예측도 한다.

경제현상들은 너무나 복잡할 뿐 아니라 마치 살아있는 생명체처럼 변화무쌍하게 움직이고 있어 설사 어떤 경제이론에 기초한 경제정책을 강구한다 해도 제대로 실효를 거두기가 쉽지 않다. 더군다나 경제 예측은 더더욱 어려울 수밖에 없다.

그런데 최근 노벨경제학상을 받은 바 있는 폴 크루그먼 교수가 지난해 조 바이든 대통령이 코로나19 대책으로 마련한 1조 9천억 달러(약 2천498조원) 규모의 경기부양책에도 물가가 크게 오르지 않을 것으로 예측했었는데 실제로는 41년 만에 최악의 인플레에 빠져들어(6월 현재 9.1% 급등) 그의 예측은 완전히 빗나갔다.

그러자 크루그먼 교수는 뉴욕타임스에 예측이 틀린 것에 대해 반성문을 써 공개사과를 해 신선한 충격을 주고 있다. 예측은 어디까지나 예측인데 공개사과까지 할 필요가 있겠느냐고 반문하거나 가볍게 넘길 수도 있지만 결코 그렇지 않다. 왜냐하면 노벨상을 받기까지 한 경제학계에 비중 있는 인물의 경제예측이었기 때문이다. 오늘날에는 장래를 잘 내다보지 않고서는 경제활동을 제대로 해나가기가 어렵다. 따라서 경제인이나 일반국민들은 장래의 경제상황에 대해 항상 관심을 가지지 않을 수 없다. 그러므로 노벨상을 받은 경제학계에 비중있는 인물의 경제예측은 국민들과 경제인들의 경제활동에 상당히 큰 영향을 미칠 수도 있다. 그의 말을 믿고 행동한 사람들 가운데는 이득을 보지 못했거나 손실을 본 사람들도 꽤 있을 것이다. 그렇게 볼 때 폴 크루그먼의 공개사과는 양식 있는 그리고 양

선진국에 진입한 한국경제 무엇이 문제인가

심적인 학자의 태도였다고 하겠다.

경제학자들도 신이 아니므로 얼마든지 오판을 할 수 있다. 가장 대표적인 오판의 예로는 카를 마르크스를 들 수 있다.

마르크스는 유명한 그의 자본론을 통해 자본주의는 필연적으로 망할 것이라고 설파했다. 그런데 그의 자본론을 따른 사회주의 국가들은 80년을 지탱하지 못하고 지구상에서 다 멸망하고 오로지 북한만이 아직도 그를 추종하고 있다. 그런데 그는 1883년에 사망했으니 사과를 받을 길이 없다.

우리나라 경제발전 과정에서 나타난 경제학자들의 대표적인 오판은 1960년대 말에 뜨겁게 불붙은 매판자본론과 종속이론이었다. 이들 이론을 내세웠던 학자들은 외국자본과 기술을 도입해 경제발전을 도모하려 해도 결국 선진국 자본에 예속 내지 종속됨으로써 국가발전에 도움을 주지 못할 것이며 결국 변방경제로 전락할 뿐 중심국가는 될 수 없다는 주장을 폈다.

그러나 그들의 주장을 따르지 않은 우리 경제는 경제 규모와 무역 규모는 세계 10위권에 도달했고 중심국은 물론 선진국으로 진입했으니 그들의 주장은 완전히 잘못된 것이었다. 우리 기업들의 2000년 이후의 해외투자는 무려 689조원에 달하며 미국 대통령마저 우리 기업들에게 대미투자를 애원하고 있다.

이제 우리는 자본수입국에서 어엿한 자본수출국으로 변모했다. 그런데 이런 주장을 편 학자들은 사과는커녕 입을 다물고 있다. 또한 최근에 소득주도성장을 주장했던 학자들도 마찬가지다. 지난 5년간 시험했던 소득주도성장은 처참한 결과만을 남겼다. 과격 강성노조와 지나친 규제 등으로 기업들이 국내투자는 기피하고 해외투자에 열을 올리고 있는 판에 정부가 돈을 쏟아붓는다고 경제가 좋아질 리 없다. 시험이 실패했는데도 잘못했다고 사과하지 않는다. 우리 학계의 이런 풍토는 하루빨리 사라져야 한다. 그래야 발전이 있다.

선진국에 진입한 한국경제 무엇이 문제인가

우리의 국회
개혁할 필요가 있다

2022년 10월 10일

국회는 정부의 살림인 예산과 결산을 심의하고 법률을 제정하며 국정을 감사하는 업무를 행하는 기관으로 나라를 올바르게 운영하도록 이끌고 감시하는 기관이다. 그리고 국민들은 국민의 대표라 할 수 있는 국회의원을 선출해 이들 임무를 수행하도록 권한을 부여하고 있다. 국회의원들은 선거 때마다 국민들에게 항상 민의를 대변하고 국민에게 봉사하겠다고 허리를 굽히는데 실상은 전혀 그렇지 못하다. 국민들에게 봉사한다고 하는데 거리가 멀고 국민 위에 군림하고 있을 뿐 아니라 오히려 국민들에게 짐이 되고 있어 씁쓸하다. 따라서 우리의 국회는 감히 개혁의 대상임을 지적하지 않을 수 없다. 이제어떤 점들이 문제인가를 짚어보자.

첫째, 국회의원 수가 너무 많다는 점이다. 우리의 국회의원 수는 300명인데 미국은 상·하원 합쳐서 535명이고 일본도 참의원 중의원 합쳐서 713명이다. 미국은 우리 인구의 7배나 됨에도 우리의 국회의원 수의 2배에도 못 미치고 일본도 인구는 우리의 2.6배나 되는데 국회의원 수는 2배를 약간 상회한다. 인구에 비해 국회의원 수가 많은 것도 문제이나 더더욱 문제가 되는 것은 우리 국회에서의 의사결정 과정을 보면 제대로 된 토론조차 거치지 않고 몇몇 의원들이 주도하면 다 따라서 찬성표 던져 가결하는데 의원 수가 많을 이유가 전혀 없다. 더군다나 국회의원들이 국회에서 행하는 국정 질문의 내용이나 수준 그리고 그들이 보여주고 있는 여러 행태를 보면 300명이나 되는 국회의원이 필요하냐는 것이다. 따라서 국회의원 수를 200명 수준으로 줄여도 전혀 문제가 없을 것이다.

둘째, 국회의원 수가 많은 것도 문제지만 더욱 문제인 것은 국회의원들이 너무 많은 예산을 쓴다는 것이다. 의원 1인당 세비 1억5천만원을 포함해 의원실 하나를 운영하는 데 7억9천만원이 소요돼 국회의원 전체의 연간 예산이 2천377억원에 달하며 4년이면 1조원에 달한다. 특히 국회의원 1인당 7명의 보좌관과 2명의 인턴을 두도록 돼 있는데 국회의원 1인당 1년

보좌관 급여가 4억4천만원이라니 300명이 거느리는 보좌관들의 연간 급여액이 1천320억원이나 된다. 결국 우리의 국회는 300개의 연구소에 3천명(국회의원 포함)의 인력을 거느리고 거액의 예산을 쓰고 있는 셈인데 이들의 활동이 제 역할을 하고 있지 못하는 게 문제다. 예산은 대부분 증분주의 예산편성(imcremental budgeting) 방식으로 결정되고 거액의 신규 사업들은 대부분 엄격한 예비타당성 검토를 거쳐 결정되거나 예타 없이도 정치적으로 결정되는데 보좌관들이 할 역할이 거의 없다. 또한 임대차 3법, 종부세법, 검수완박법의 입법 과정 예들을 보더라도 그들은 전혀 제 역할을 하지 못하고 있다. 결국 보좌관제도는 예산만 축을 낸다고 해도 과언이 아니다. 따라서 어차피 제 기능을 하지 못할 바에야 보좌관을 2명 내지 3명 수준으로 크게 줄일 필요가 있다.

셋째, 국회의원들이 너무나 많은 특권을 누리고 있다는 점이다. 불체포특권, 면책특권 외에 호화로운 의원회관 사무실 이용과는 별도로 개인사무실을 운영할 수 있으며 그에 따른 사무실유지비, 출장비, 차량유지비, 유류비, 해외시찰비(항공비 비즈니스석) 등이 지원되고 의원회관 내의 모든 복지시설을 무료로 이용하며 1억5천만원의 정치자금도 모금해 쓸 수 있는 등 너무나 많은 특혜를 누린다는 것이다. 이 같은 특권을 누린다는 것은 결국 국민 위에 군림하는 것밖에 안된다. 더욱이 국회의원들은 자신들이 헌법기관임을 내세워 국회에서 장관들은 물론 대기업 총수들까지 불러 호통치거나 망신을 주기까지 한다. 국회의원들에게 이런 특권이 주어져서인지 너도나도 국회의원 되겠다고 줄을 잇는다. 국회가 재대로 기능하려면 국회를 개혁해 진정으로 국민에게 봉사하고 헌신할 국회를 만들어야 한다.

개방화 세계화 30년
얻은 것과 잃은 것

2022년 11월 14일

세계경제가 자본주의와 사회주의로 양분된 지 70여년 만에 중국과 러시아가 그동안 금과옥조로 삼았던 사회주의를 버리고 자본주의 시장으로 회귀함과 때를 같이해 개방화와 세계화의 물결이 밀어닥쳤다.

선진국 중진국을 막론하고 모두가 한결같이 개방화와 세계화만이 살길임을 역설했다. 하기야 그동안 양분됐던 세계시장이 단일 시장으로 통합됨은 세계경제에 시장 확대라고 하는 새로운 활력소가 될 것으로 기대를 모았고 나아가 그동안 침체에서 벗어나지 못한 세계경제는 탄탄대로의 성장가도를 달릴 것이라는 기대마저 부풀었다.

하지만 하나의 자본주의 시장으로 통합된 세계경제는 부풀었던 기대와는 달리 아이러니하게도 두 차례의 홍역, 즉 우리를 포함한 1997년의 동남아 외환시장 위기와 2007년의 미국발 금융위기라고 하는 두 차례의 홍역에다 2019년의 코로나19로 인한 대역병으로 또 한차례의 위기에 봉착했다. 이제 개방화와 세계화 이후 30년이 흐른 현시점에서 과연 득과 실이 무엇인가를 따져보는 것은 매우 의미 있는 일이라 하겠다. 우선 얻은 것을 따져보자.

첫째, 세계시장이 대폭 확대됐다는 점이다. 1990년의 세계 수출액은 3조3천억달러였는데 2021년에는 19조3천600억달러로 무려 6배로 늘었다.

둘째, 세계 물가 안정에 크게 기여했다는 점이다. 1991년에 비해 2021년의 물가 상승 추이를 보면 한국은 2.4배, 일본은 1배, 미국은 2배에 그쳤는데 이 같은 물가의 안정은 중국을 비롯한 후진국들로부터 쏟아진 값싼 수입상품의 영향이 컸다고 하겠다.

셋째, 중국과 러시아 베트남 등 과거 저개발국들은 그들의 값싼 노동력과 저렴한 토지 공급 등을 내세워 선진국과 중진국의 축적된 자본과 기술, 원자재를 무제한 끌어들여 고도성장을 구가했다. 단적인 예로 중국은 1인당 명목 국내총생산(GDP)이 1991년 420달러에서 2021년 1만484달러로 무려 25배 늘었고 국가 총 GDP는 40배 증가했다.

넷째, 사회주의 국가들은 상품 수출입의 자유화 외에 여행의 자유화도 허용함으로써 과거 단절됐던 자유진영과 자유롭게 왕래할 수 있게 됨으로써 양 진영의 국민후생 증대에 크게 기여했다. 다음으로 잃은 것들에 대해 생각해보자.

첫째, 자본의 자유로운 이동은 경제 규모가 작은 나라들의 경제변동성을 확대시키는 역할을 했다. 1997년 우리를 비롯한 동남아 국가의 외환위기가 그 예이고 2007년 미국발 금융위기의 여파도 그 부작용이었다고 볼 수 있다.

둘째, 중국을 비롯한 후진국들의 급속한 성장발전은 오히려 선진국 및 중진국의 경제를 위축시킴과 아울러 고용사정을 크게 악화시켜 제로섬적인 역할을 했다는 점이다. 지난 30여년간 중국의 국민 총 GDP는 40배 늘어난 것에 비해 우리는 5.8

배, 미국은 3.6배, 일본은 겨우 1.6배의 증가에 불과했다. 즉, 세계시장은 확대됐지만 선진국 및 중진국은 오히려 일자리를 잃었으며 실업률은 높아졌다. 특히 신규 고용 대상인 청년실업률이 심각한데 우리의 그것은 20%를 넘고 있으며 유럽 국가의 실업률은 30%에 육박한다. 스페인, 아일랜드 등 일부 국가들은 국가 부도에 이를 정도였다.

셋째, 중국, 인도, 러시아, 베트남 등의 급속한 경제성장은 폭발적인 에너지 수요를 유발해 석유를 비롯해 자원 가격의 폭등을 야기하기도 했다.

이상에서 세계화와 개방화의 득실을 따져 보았지만 최대의 수혜국인 중국이 세계경제 제2위의 경제대국으로 성장해 미국을 바짝 추격하자 급기야 미국은 위기감을 느껴 중국을 견제하기 시작했다. 미국은 자국 보호로까지 회귀하려 해 중국과 마찰을 빚고 있으며 러시아의 우크라이나 침략으로 자칫하면 다시 탈(脫)세계화로 갈지도 모를 혼돈의 상태에 빠져 있다.

5만원권 발행과
부정비리

2022년 12월 19일

5만원권 발행이 시작된 2009년 이전에 발행을 놓고 활발하게 논쟁이 벌어졌었다. 당시 본인의 강의 시간에 학생들이 5만원권 발행에 대해 어떤 의견이냐고 질문을 받은 적이 있다. 본인은 분명히 반대 의사를 밝혔다. 반대의 명분은 첫째, 우리나라의 부정부패가 끊이지 않고 있어 비리를 더욱 저지르기 쉽게 할 것이라는 점(2004년 기준 한국의 청렴수준 47위), 둘째 고액권의 발행은 우리나라와 같이 인플레가 심한 나라에서는 돈의 가치를 떨어뜨리게 할 우려가 있다는 점, 셋째 우리는 증여세율과 상속세율이 높아 고액권이 탈세의 편의를 제공할 수 있고 퇴장될 수도 있다는 점, 넷째 인터넷뱅킹이나 카드 사용이 일반화되고 있는 시점에 굳이 고액권을 발행할 필요가 없다고 주장했다.

본인은 과거 가계종합예금이라는 제도가 있어 가계수표를 즐겨 쓴 적이 있었다. 그때는 인터넷뱅킹이 활발하지 않던 때라 은행에서 수표 30장을 받아와 활용하면 거의 은행에 갈 일이 없어 편하게 이용했던 적이 있다. 10만원권 수표 발행이 낭비적이고 불편해 고액권이 필요하다고 주장들을 했으나 잘못된 것이다. 1997년 미국에 객원교수로 갔을 때 은행에 예금을 했더니 수표를 200여장 주면서 앞으로 세금이나 각종 거래에 이 수표를 사용하라는 것이었다. 수표에 사인만 해 지급하면 각종 공과금이나 거래대금으로 얼마든지 쓸 수 있다고 한다. 그런데 막상 받아오기는 했는데 이것을 어떻게 보관할 것인가가 걱정거리였다. 금고도 없는데 도난 당하면 어떡하나 하고 외출할 때면 이들 수표를 감추느라 부산을 떨었다. 그러던 차에 지인들한테 어찌해야 하느냐고 물었더니 아무 데나 놔둬도 아무도 가져가지도 않으며 타인은 전혀 쓸 수 없다는 이야기였다. 그때 비로소 안심하고 아무렇게나 놔두고 외출하곤 했다. 이것이 바로 신용사회라는 점을 이때 깨달았다.

부가가치세제하에서는 카드 거래를 하면 매출실적에 잡히나 현금 거래를 하면 거래액이 탈루된다. 그러므로 업자들은 카드보다는 현금 거래를 선호하게 되고 이 또한 세금 탈루의

원인이 된다. 그래서 국세당국은 세금 탈루를 막기 위해 카드 이용에 대해 일정의 소득공제 혜택을 줘 카드 이용을 장려하는 것이다. 그렇다면 정부가 거래의 편리라는 명분을 내세워 5만 원권을 발행한 것은 전혀 잘못한 처사였다. 탈세, 돈세탁, 비리에 악용될 우려가 크다는 점에서다.

5만원권이 등장하면서 금고의 수요가 대폭 늘었다고 하며 금고가 없는 집이 없을 정도라는 이야기가 시중에 공공연히 떠돌고 있다. 2021년 1만원권의 환수율은 90~100%인 반면 5만원권 환수율은 17.4%였다고 한다. 결국 5만원권은 금고나 장롱 속으로 퇴장한 것이 아닌가 하는 의심을 자아내게 한다. 과거 차떼기 정치자금 얘기가 있었는데 5만원권이 생겼으니 이제는 차떼기까지는 필요 없고 등산백이나 조그만 상자만 있으면 족하지 않을까 싶다.

최근 야당 두 국회의원 집에서 수억원의 현금이 나왔다고 하는데 5만원권이 매우 요긴하게 쓰였을 것 같다. 은행에 넣어두면 아무리 금리가 낮다 하더라도 이자도 붙고 인터넷이나 카드로 얼마든지 활용할 수 있는데 무슨 이유로 집에 그런 거액의 자금을 넣어 뒀을까. 수상쩍다. 도둑이 안 들었기 망정이지

남 좋은 일 시킬뻔했다. 무리한 억측일지는 몰라도 과연 이들 두 명의 국회의원에게만 이런 일이 있었던 걸까. 5만원권 발행이 정치인들이나 검은돈을 갈구하던 사람들, 탈세에 용이하게 쓰이게 했다면 참으로 잘못된 처사다. 돈이란 돌고 돌아야 하는데 요긴하게 쓰여야 할 돈이 비리와 부패에 이용되거나 퇴장되고 있는 것은 결코 바람직하지 않다. 5만원권 발행은 섣부른 정부의 정책 판단이 아니었나 싶다.

선진국에 진입한 한국경제 무엇이 문제인가

중전철,
김포시민만 홀대받아야 했나

2023년 01월 31일

수도 서울에 가장 인접한 김포시는 장기지구에 신도시 건설을 유치하고도 지하철 중전철 건설이 성사되지 않고 20년이나 지난 다음에야 겨우 경전철을 건설했으나 출퇴근 시간에는 지옥경전철을 면치 못한다고 한다.

장기지구에 신도시를 건설하면서 지하철을 건설해 줄 것처럼 선전해 입주자들은 기대를 걸었으나 희망고문만 당하고 20년 가까이 지나서야 겨우 2량 달고 다니는 경전철을 건설해줬으나 교통난 해소에는 별로 도움을 주지 못해 김포시민들의 원성만 사고 있다. 그런데 이번에는 김포시에 4만6천가구의 한강신도시를 추가로 건설한다며 5호선 건설을 미끼로 던져주는 것 같다. 만일 5호선 또는 9호선을 추가로 연장해 준다고 해도 2030년에나 가능할 전망이라고 하니 먼 훗날 이야기다.

 김포시의 인구가 현재 50만이나 되고 5호선과 9호선이 코앞에(5~20㎞) 와 있고 강만 건너면 일산에도 3호선 중전철이 와 있는데도 그것들을 연결해주지 않아 김포시민들을 고통스럽게 한다는 점에서 잘 이해가 가지 않는다. 장기지구 신도시만 해도 결코 자족도시가 아니므로 결국 서울의 베드타운 역할밖에 할 수 없었음에도 유독 김포시만 중전철 건설을 해주지 않은 것은 납득하기 어렵다.

 김포시는 서울에 인접해 있으면서 어찌 보면 피해만 입고 별로 혜택은 보지 못하는 미운오리새끼 신세라 해도 과언이 아니다. 김포군은 1962년 양동면과 양서면을 서울시에 내줌으로써 크게 쪼그라들었고 1998년이 돼서야 겨우 김포시로 승격됐다. 더군다나 김포공항도 김포군의 땅이었을 뿐 이름만 김포공항이지 실제로는 서울공항이다. 또 공항이 인접해 있어 얻는 것은 전혀 없고 소음공해로 입는 피해는 클 수밖에 없음에도 유독 김포시에 대해서는 이런 점들을 전혀 배려하지 않음으로써 김포시민들은 불만이 클 수밖에 없을 것이다.

김포시의 중전철 건설이 이루어지지 않은 것은 한국개발연구원(KDI)의 타당성 검토에서 편익비용 분석 결과 편익비용 비율이 0.8이 나왔기 때문이라고 한다. 문재인 정부 기간 중 예비타당성분석 면제사업이 100조원에 달했다고 하는데 김포신도시 주민들의 교통 애로를 고려했다면 충분히 해줄 수도 있었던 사업이라고 생각된다.

2016년 완공된 판교에서 여주까지 경강선은 통과 도시인 인구가 90만명에 이르지만 거리가 57㎞로 서울에서 김포까지의 거리인 20여㎞의 무려 3배나 된다는 점에서 서울에서 김포까지의 중전철 연결이 사업타당성이 없다는 것은 납득하기 어렵다. 더욱이 이천이나 여주는 서울의 베드타운 역할을 하기엔 거리가 너무 멀다.

문재인 정부 5년 동안에 신분당선은 강남역에서 신사역까지 증설이 이뤄졌고 5호선도 강일역에서 하남 검단역까지 6.7㎞ 증설됐다. 4호선도 당고개에서 진접까지 15㎞나 증설했다. 그럼에도 김포시에 대해서만 유독 중전철 건설을 마다하고 교통난 해소에 별로 도움이 되지 않는 경전철을 건설해준 것은 납득하기 어렵다.

더욱이 김포골드라인 경전철 건설비만도 1조5천억원이 투입됐다고 하는데 5호선 또는 9호선을 추가로 건설해 준다고 하면 국가가 예산을 이중 부담하게 된다는 점에서 낭비라 아니할 수 없다. 국가가 멀리 내다보지 못하고 근시안적으로 정책을 추진함으로써 국민 부담을 가중시킨다면 이 또한 악폐라 하지 않을 수 없다. 경전철을 건설하지 않고 중전철을 연결해 줬더라면 김포시민들의 복지후생도 증대시키고 국가예산의 낭비도 방지할 수 있는 일석이조의 이득을 볼 수 있었다는 점에서 커다란 아쉬움을 남기고 있다. 정부는 정책 결정에 있어 보다 신중하고 긴 안목을 가져야 함을 명심해야 한다.

재정은
공짜도 아니고 화수분도 아니다

2023년 03월 07일

　요즘 중앙정부든 지방정부든 돈 쓰는 걸 보면 이래도 되는가 하는 생각이 든다. 재정은 정부가 정무 수행을 위해 국민들로부터 물적 수단을 획득해 합목적적이고도 효율적으로 지출하는 행위다. 즉, 정부는 조세와 세외수입 등으로 재원을 마련해 쓰고 부족할 때는 차입을 통해 지출하기도 한다.

　조세는 국민들의 희생물이므로 결코 허투루 써서는 안 된다. 그런데 지난 정부는 팬데믹 극복이라는 명분으로 무분별하게 무려 400조원의 빚을 내 국민들에게 엄청난 시혜를 베풀었지만 결국 물가 폭등이라는 부담으로 되돌아왔고 우리 후대에게는 큰 짐만 안겨줬다. 지난 15년 동안 아무런 효과도 거두

지 못한 저출산 대책비로 380조원, 박원순 시장 11년간 시민
단체 지원금 11조원, 양대 노총에 1년에 1천200억원 지원 등
재정이 마치 공짜인 듯 또는 화수분인 양 마구 쓴다.

우리 주변에서 일어나고 있는 재정의 낭비 또는 비효율적인
지출 행태들을 돌아보면 걱정이 아닐 수 없다. 1970년대 말 미
국에서 흑인들이 실업수당을 부정하게 수령하고 노동 의욕을
저해하는 사례가 있었다. 그런데 남의 나라 얘기가 아니라 우
리나라에서도 이른바 복지국가라는 명분하에 이런 일이 일어
나고 있어 국가 재정이 낭비되고 노동 의욕을 저하시키고 있어
문제다.

즉, 실업자는 일자리를 잃었으면 곧바로 일자리를 찾으려고
노력해야 하는데 일정 기간 동안 실업급여가 지급되니 차라리
놀고 지내는 게 낫다고 생각해 급여만 받아 챙기면서 놀고 그
후에야 일자리를 구한단다. 또 자신이 스스로 사직하는 경우
실업수당이 지급되지 않으므로 회사에 떼를 써서 면직한 것으
로 해달라고 해 실업수당을 챙기는 수법도 쓴다고 한다.

의료보험 재정도 술술 새기는 마찬가지다. 과잉진료로 의료

비를 과다 청구하는 것은 어제오늘의 일이 아니며 교통상해자들을 이용한 과잉진료도 다반사라고 한다. 가스 값이 올랐다 해서 정부가 169만 서민들에게 최대 59만원씩을 지원한다는 것도 과다한 조치로 보인다. 예를 들어 중산층 금년 1, 2월 난방가스요금이 전년 동기 22만원에서 28만원으로 6만원 정도 늘었는데 취약계층에 59만원이나 지원한다니 과다한 지원이다.

지방자치단체들의 씀씀이도 가관이다. 재정자립도가 형편없는데도 돈을 흥청망청 쓴다. 중앙정부가 지원하니 쓰고 보자는 식이다. 재정자립도 10%대의 자치단체가 시민 1인당 현금 100만원을 지급하는가 하면 각종 명목으로 10만원씩을 지급하는 단체들도 있다. 한 자치단체가 흔들다리를 만들자 너도나도 만든다. 한 자치단체가 호숫가나 등산로 또는 산책로에 덱을 깔거나 야자매트를 깔자 너도나도 흉내내 깐다. 그들 재료가 수입 자재고 비용도 만만치 않고 자치단체들의 재정 상황으로 볼 때 그렇게 지출해서는 안되는 것 같은데 마구 쓴다.

우리의 성장잠재력과 경제 현상을 고려하지 않고 복지국가를 지향한다고 해서 정부 돈을 주인 없는 공돈처럼 마구 써서는 안 된다. 우리 경제의 현 여건은 전혀 그럴 형편이 아니다.

급속한 고령화와 저출산이라는 거대한 복병이 우리 앞에 도사리고 있다. 기업들은 국내에 투자하지 않고 해외로 탈출할 생각만 한다. 청년실업자들은 차고도 넘친다. 경제는 저성장의 늪에서 헤어나지 못하고 있다. 그런데 포퓰리즘에 물든 정치는 시혜를 베푼 만큼 표가 돌아온다는 생각에 사로잡혀 무책임하게 퍼주고 싶어 안달이다.

하지만 이렇게 뿌린 돈은 우리들에게 물가 상승으로, 세금 부담으로 돌아오고, 우리가 부담하지 않으면 우리 후대가 부담해야 한다. 국민들은 속으로 골병드는지도 모르고 받기만 하면 좋아한다. 마치 재정을 공짜인 것처럼 또는 화수분인 것처럼 받아들인다. 그러나 재정은 절대 공짜도 아니고 화수분도 아님을 명심해야 한다. 중앙정부나 지방정부, 국민들 모두 정신차려야 한다.

자치단체장은 표만 의식하지 말고 창의력 발휘해야

2023년 04월 11일

지방자치제가 실시된 지 30년이 돼 가고 있다. 하지만 자치제의 성과에 대해서는 아직도 말이 많다. 자치제 실시를 잘했다고 평가하는 사람들이 있는가 하면 자치제를 실시하지 말았어야 한다는 주장을 펴는 사람들도 있다.

필자는 자치제 실시를 잘했다고 평가하는 쪽이다. 이유로는 자치제 실시 이후 지자체 단체장 상당수가 대체로 잘해보려고 노력을 기울임은 물론 지자체장들 간에 경쟁심도 엿보이고 공직자들의 친절함도 예전과는 많이 달라졌다는 점에서 긍정적인 평가를 하고자 한다. 자치제 실시 이전 지자체장들은 중앙정부나 상급 자치단체장에게 줄을 잘 대고 있거나 잘 보이기만

하면 임명됐고 예산만 잘 따오면 되므로 지역주민들에게 상전 노릇을 했고 군림하기까지 했다. 정부란 이윤 동기가 없고 공급하는 재화나 서비스는 의회가 세금을 통해 보장해주기 때문에 무사안일로 지낼 수도 있다. 그러나 지자체장은 경영자가 좋은 제품을 만들어 소비자들에게 만족을 줘 기업을 성장시키고 발전시키는 것처럼 창의력을 발휘해 지역주민인 투표자들에게 이익을 줌은 물론 보다 나은 공공 서비스를 제공하기 위해 지역발전에 힘을 쏟지 않으면 안 된다.

그럼에도 불구하고 요즘 일부 지자체장들의 행태를 보면 지역발전을 위해 창의력을 발휘하거나 재정의 효율성 달성 및 재정자립도의 향상을 기하고자 하는 노력보다는 이른바 복지 향상이라는 명분하에 당선을 위한 표 획득에만 신경을 쓰고 있는 것 같다. 즉, 지자체장들은 당선이 최상의 목표이므로 기대하는 표를 극대화하는 데만 신경을 쓴다는 것이다. 특히 지난 정부하에서는 코로나 팬데믹이라는 사태를 빙자해 지자체들이 지역주민들에게 선심성 현금 지출을 늘린 사례들이 많았다. 재정자립도 10%대의 모 자치단체는 추석 보너스라는 명목으로 지역주민 1인당 100만원을 지급한 사례가 있는가 하면 주민 1인당 10만원 또는 그 이상을 수시로 지급한 단체도 상당수

선진국에 진입한 한국경제 무엇이 문제인가

있었다고 한다. 대부분 자치단체의 재정자립도가 아주 낮은 상태여서 중앙정부나 상급 자치단체의 지속적인 지원을 받아 재정을 충당하는 처지임에도 무책임하게 이 같은 선심성 지출을 서슴지 않는다는 것은 너무나 속이 뻔히 보이는 처사다. 이러한 지출로 재원을 탕진하기보다는 창의력을 발휘해 지역의 발전을 도모함으로써 지속적인 소득 증대를 가져다 줄 수 있는 사업에 투자하는 게 급선무다. 기업가들만이 창의력을 발휘하는 게 아니라 지자체장들도 지역의 발전을 위해 마땅히 창의력을 발휘해야 한다. 지역경제 발전에 도움을 줘 지역주민의 소득을 증대시키거나 외부 경제 효과를 가져다주는 사업개발 등에 창의력을 발휘해야 한다. 지자체장이 지역경제의 발전을 위한 창의력 발휘에 힘을 쏟기보다는 지역주민들의 표만을 의식해 시혜를 베푸는 데만 주력하거나 재정의 효율성 확보 및 재정자립에는 신경 쓰지 않고 중앙정부의 지원에만 안주하려 한다면 능력없는 자치단체장이다.

과거 이명박 서울시장이 청계천의 고가도로를 부수고 청계천을 복원 개발한 것과 버스의 중앙차로제를 만든 것이라든지 함평군이 나비축제를 통해 148만명의 관광객을 유치한 사례, 화천군의 산천어축제 등은 자치정부도 창의력을 발휘할 수 있다는 좋은 예를 보여주고 있다. 또 공업단지를 유치해 지역주민들에게 일자리 창출과 소득증대를 기하고 케이블카 설치를 유치해 관광수입을 증대시키는 경우도 좋은 예다. 하지만 출렁다리의 예처럼 자치단체들이 제대로 편익 비용을 따지지도 않고 너도나도 뛰어들어 모방하는 것은 창의적이지도 바람직하지도 않다. 지역주민의 소득을 증대시키지 못하거나 비용이 편익을 초과하는 사업이라면 창의적인 사업이 아니다. 지자체장들은 표만 의식하지 말고 지역 발전을 가져다 줄 사업 개발에 창의력을 발휘해야 한다.

정치가
경제를 병들게 할 수 있다

2023년 05월 16일

경제학이란 용어는 원래 정치경제의 원리(principles of political economy)에서 비롯됐다. 오늘날에는 경제학과 정치학이 따로 독립돼 있지만 과거에는 함께 다뤄졌다. 실제로 경제와 정치는 뗄레야 뗄 수 없는 존재다. 왜냐하면 경제와 정치가 매우 밀접한 관계를 가지고 있기 때문이다. 즉, 정치집단인 정부와 의회는 국민경제에 직접 또는 간접적으로 많은 영향을 미친다. 경제와 정치가 유기적으로 잘 작동되면 국민경제가 성장·발전하지만 그렇지 않으면 국민경제가 제대로 성장 발전하지 못한다.

그런데 작금의 우리 경제사회를 보면 정치가 경제를 어렵게 만들고 있어 매우 우려된다. 시장도 곧잘 실패하기도 하지만 정부도 곧잘 실패한다. 특히 정치가 경제를 어렵게 만드는 경우가 비일비재해 문제다. 지난 정부의 정책 실패로 부동산가격을 폭등시켜 서민들의 내 집 마련을 망치더니 종부세 폭탄에다 임대차 3법이라는 악법을 만들어 전세금 폭등과 역전세난마저 야기해 서민들에게 3중고를 안겨 주고 탈원전으로 전기요금 폭탄을 맞게 하는가 하면 400조원의 적자예산으로 돈을 풀어 물가폭탄을 야기하고 국가채무를 폭증시켜 국가경제를 어렵게 만들었다. 나아가 정치집단은 복지라는 명분으로 표만을 의식해 국민들에게 퍼주기 경쟁을 벌이고 있다. 정치가 경제를 병들게 한 예는 과거 스페인과 이탈리아, 그리스, 베네수엘라 등의 예에서도 똑똑히 볼 수 있었다. 그런데 아르헨티나도 바로 이러한 경우다.

필자는 1978년 아르헨티나의 경제를 현지조사할 기회가 있었다. 아르헨티나는 광대한 국토와 온화한 기후조건, 풍부한 자원으로 경제발전에 대단히 좋은 여건을 갖춘 나라다. 아르헨티나는 우리가 자동차 한 대도 만들지 못했던 1968년 승용차를 20만대나 생산했던 선진국이었다. 그런데 10년이 지난 1978년에도 20만대를 만들고 있었는가 하면 이후 40여년이 지난 2019년에도 자동차 생산대수가 30만대 정도라고 하니 경제는 완전히 멈춘 상태다. 특히 물가를 보면 1976년 443%에 달해 상상이 안 되는 살인적인 물가 수준이었다. 이러한 극심한 인플레였음에도 1978년의 수도 부에노스아이레스는 평온한 상태여서 참으로 희한하다는 생각마저 들었다. 결국 사회주의화 정책, 즉 정치가 경제를 병들게 한 것이다. 이때 현지에서 들은 바로는 노조가 얼마나 힘이 센지 근로자가 비가 온다는 핑계로 회사에 출근하지 않아도 제재할 수 없다는 것이었다. 어떻게 보면 노동자 천국(?)이라고 해야 할 정도였다고 할 수 있다. 이러한 환경에서 기업이 성장할 수도 소득이 늘 수도 없는 것은 당연한 일이었다.

그런데 한 대학원의 박사과정에 다니고 있는 학생에게 아르헨티나의 경제에 대해 우려를 표했더니 하는 말이 "한국은 북한과 대치해 경쟁을 할 수밖에 없으나 자기들은 그런 문제가 없으므로 우리와 같이 열심히 일할 필요도 없고 그저 현실에 만족하고 산다"는 것이었다. 그러면 컬러TV도 자동차도 갖고 싶지 않으냐고 했더니 갖고 싶은 욕망은 있다고 답해 어안이 벙벙했다. 비록 박사과정 학생의 말이긴 하나 이러한 풍조가 아르헨티나 국민들에게 팽배해 있는 것이 아닌가 하는 생각이

들었다. 아르헨티나를 떠나며 이 나라 경제는 낙망적이라는 생각을 떨쳐버릴 수 없었다.

그런데 지금의 아르헨티나의 1인당 국민총소득(2021년)은 1만50달러에 불과하고 지난해의 소비자물가는 100%나 뛰었다. 5~6%의 물가 상승도 야단들인데 이 나라는 아직도 경제가 엉망이다. 우리 경제가 우려되는 것은 정치가 바로 서지 못하고 국민들을 포퓰리즘에 물들게 하고 있다는 점이다. 포퓰리즘에 한번 물들면 결코 빠져나오지 못하는 게 아르헨티나의 예에서 볼 수 있다. 따라서 우리 정치도 포퓰리즘에 빠지지 않도록 국민들이 현혹되지 말아야 하고 정신 차리고 깨어 있지 않으면 안 된다.

한국 경제가 해결해야 할 6대 과제

2023년 06월 27일

우리 경제는 눈부신 발전을 해옴으로써 1인당 국민소득이 3만달러를 넘어 인구 5천만이 넘는 세계 7개국 중 한 나라이며 세계 10대 경제대국의 반열에 들어섬으로써 드디어 선진국의 지위에 올랐다. 2차 대전 후 많은 식민지 국가들이 식민지배로부터 독립을 이뤘지만 5천만의 인구를 지닌 나라로서 선진국의 반열에 들어선 나라는 우리밖에 없다.

특히 원조의 수혜국에서 원조의 지원국으로 탈바꿈한 우리의 위상은 얼마든지 자랑할 만하고 선망의 대상이다. 하지만 우리 경제가 3만달러의 수준을 넘어 현재의 선진국들이 누리고 있는 4만달러 이상 수준을 달성할 수 있을지가 의문이다.

4만달러 이상을 달성하기 위해서는 연 4% 이상의 지속적인 성장이 뒷받침돼야 하는데 우리 경제가 당면하고 있는 여러 여건은 결코 만만치 않다. 이제 우리 경제가 해결해야 할 여섯 가지 중요 과제를 살펴보기로 하자.

첫째, 저출산 고령화 문제다. 현재의 출산율은 0.808명으로 최악의 수준이다. 지난해 우리나라는 처음으로 사망자 수가 출생자 수를 능가함으로써 인구가 감소하기 시작했다. 이제 인구 감소가 본격적으로 시작된 것이다. 인구는 생산의 3요소 중의 하나인 노동력의 원천일 뿐 아니라 병력 자원이기도 하다. 특히 인구의 감소는 고령인구를 받쳐줄 젊은 인구가 감소한다는 점에서 경제의 활력을 떨어뜨리게 한다. 인구 감소를 막기 위한 특단의 조치가 필요하다. 또 고령화는 국민 경제에 굉장한 부담 요인이다. 2025년이면 초고령사회가 된다. 연금 부담은 물론이고 의료비 부담도 점점 커져 국민 경제에 큰 짐이다. 공무원연금과 군인연금은 이미 적자이고 국민연금도 수지적자가 2041년, 고갈 시점이 2055년이라니 연금개혁은 필수다.

둘째, 강성 노조는 경제 성장과 활력에 큰 걸림돌이다. 우리 수준의 경제력을 가진 나라의 노조가 막강한 위력을 발휘해 툭하면 파업하고 거리투쟁하는 곳은 우리나라밖에 없다. 갈수록 국제경쟁이 치열해지고 있는 데다 국내 경제도 난제가 수두룩한 판에 노조가 끊임없이 무소불위의 힘을 발휘해서는 국민 경제를 어렵게 만든다. 노동개혁이 시급하다.

셋째, 정치의 횡포와 포퓰리즘의 만연이다. 비대해진 야당의 권력이 발단의 시초이지만 국가가 무한한 시혜자를 자초한다면 시장경제는 결국 무너질 수밖에 없다. 나눠 주는 것에 익숙해지면 나태해질 수밖에 없고 1인 1표를 의식하다 보면 포퓰리즘은 더 기승을 부리기 마련이다. 그렇게 되면 경제는 활력을 잃고 결국 쇠퇴한다. 최저소득계층에 대한 배려는 불가피하나 국민을 나태하게 만들어서는 안 된다.

넷째, 국가, 기업, 가계가 다같이 부채 누적으로 부실화되고 있다. 국가부채가 1천조원이 넘었고 기업 부채도 2천590조원, 가계부채 1천867조원으로 합치면 5천500조원에 달해 국내총생산(GDP)의 2배를 넘어 부채 공화국의 누명이 우려된다. 부채는 결국 갚아야 하므로 경제성장만이 해결책이다. 성장의 고삐를 죄지 않으면 낭패에 직면한다.

다섯째, 수도권 비대와 지방 소멸도 심각한 문제다. 수도권에 전 인구의 50% 이상이 사는 것은 우리나라에서만 볼 수 있는 기현상이다. 그동안 집중과 집적의 이익만을 추구하다 빚어진 기현상이다. 그러나 이제는 과잉 집중으로 인한 불이익이 더 클 뿐 아니라 인구의 감소와 맞물려 지방의 소멸이 가속화됨으로써 자원의 비효율적인 이용이 심각하다. 더 이상의 집중은 막고 지방의 활로에 집중해야 한다.

여섯째, 최근의 무역적자 확대가 걱정되지만 대일 무역적자 해소에 노력해야 한다. 대일 무역적자는 1965년 이래 한 번도 흑자를 낸 적이 없고 누적적자는 무려 6천933억달러에 달한다. 대미 무역적자는 역전된 지 오래지만 유독 일본만은 예외다. 근본적인 해법을 찾아야 한다. 한일 양국의 협력을 통해 무역적자의 해소에 역점을 둬야 한다.

로봇 시대의 도래와 임금 인상 투쟁

2023년 08월 01일

　인류문명의 발달은 인간의 발명이 크게 기여했다고 할 수 있다. 제임스 와트의 증기기관이라든지 리처드 아크라이트의 방적기, 에디슨의 전기 발명은 말할 것도 없고 수많은 과학자들의 수고와 노력이 결실을 맺어 인간생활의 획기적인 편리와 경제발전을 가져다줬다. 인간생활의 편리를 가져다줌은 물론 노동력의 절감 내지는 노동생산성을 향상시켜준 기계는 일일이 다 열거할 수 없을 정도로 수천, 수만가지라고 할 수 있을 것이다. 최근에는 인터넷의 등장과 요술방망이나 다름없는 휴대전화까지 등장함으로써 우리들의 생활이 엄청나게 편리해졌을 뿐 아니라 어마어마한 생산성의 향상을 가져다줬다. 자율주행차의 등장도 시간문제이고 인공지능(AI)마저 등장해 앞으로 우리의 경제와 생활에 어떤 영향을 미칠 것인가를 놓고 설왕설래하고 있는 중이다.

앞으로 특히 문제가 되는 것은 로봇시대의 본격적인 도래다. 1975년에 일본의 옷파마에 소재한 닛산자동차 공장을 방문한 적이 있다. 그때 이미 자동차공장에 로봇이 사람을 대신해 일을 하고 있는 것을 보고 놀란 적이 있다. 그런데 이제는 로봇이 인간의 노동을 대신하는 일이 급격히 늘어나고 있다. 로봇청소기가 등장했고 운전자가 필요 없는 자율주행차가 나왔으며 웬만한 집안일을 대신해주고 고령자들의 시중을 들어주고 대화도 하는 로봇도 등장했다. 최근에는 음식도 만들어주고 식당에서 음식을 나르는 로봇은 물론 호텔의 각종 서비스도 로봇이 수행하기까지 한다. 이제 로봇이 인간의 노동을 어디까지 대신해줄지 가늠이 되지 않는다. 과거 일본의 저명한 경제평론가 가나모리 히사오는 로봇의 등장으로 대량의 실업자가 발생하지 않을까 하는 우려에 대해 로봇을 생산하는 데 그만큼 인력이 필요하기 때문에 급격한 노동력의 감소는 발생하지 않을 것이라는 낙관적인 주장을 편 적이 있다. 그런데 과연 그럴까 하는 걱정이 되는 것도 사실이다.

지속적으로 임금 인상을 요구하는 노동운동과 최저임금을 무리하게 인상해 달라는 요구는 로봇시대의 도래를 더욱 가속화시킬 전망이다. 왜냐하면 로봇이 갖는 장점이 너무 많기 때문이다. 사람값이 점점 비싸진다면 기업가들과 경영자들은 어떻게든 인력을 줄이고 싶은 마음이 앞설 것이다. 로봇은 최초의 구입비가 들어가고 가끔 수리비가 들어가긴 하지만 첫째, 임금 지급 의무도 없고 임금 인상 염려도 없다. 둘째, 노동조합에 가입해 투쟁하지도 않는다. 셋째, 연금지급을 위한 부담이 없다. 넷째, 건강보험료 부담도 퇴직금 지급 걱정도 없다. 다섯째, 연월차수당 지급의무도 육아휴가를 줄 필요도 없다. 여섯째, 상해에 대한 보상 염려도 없다. 기업가라면 이런 엄청난 장점이 있는 로봇이 인간의 노동력을 대신할 수만 있다면 인간 대신 로봇을 이용하지 않을 이유가 없다.

　　이런 정황을 고려해 본다면 근로자들이 무턱대고 임금만 올려 달라고 할 상황은 아닌 것 같다. 기계화의 덕분에 우리들의 노동시간은 크게 줄어든 게 사실이다. 우리나라는 좀 늦었지만 주5일 근무제가 2004년부터 실시됐고 법정근로시간제도 2018년부터 기존 주 68시간에서 52시간으로 크게 줄었다. 어떤 정치가는 주 4일근무제를 주장하기까지 한다. 우리의 산업화 역군들은 하루 8시간이 아니라 10시간 아니 그 이상으로 일했고 토요일 일요일도 제대로 누리지 못한 채 근무한 날들이 태반이었다. 그때에 비하면 현재 근로자들이 누리고 있는 노동시간과 노동강도는 호강에 비유해도 틀린 말은 아닐 것이다. 지난 10년 동안 우리나라 시중은행들의 직원 수는 6만4천556명에서 5만8천405명으로 9.5% 감소했다. 현금지급기와 인터넷뱅킹의 영향이었다고 한다. 근로자들이 임금 인상만 요구하다간 로봇시대를 가속화시켜 일자리를 빼앗길 것을 염려해야 하는 때가 조만간 올지도 모른다.

선진국에 진입한 한국경제 무엇이 문제인가

정부의 실패·비효율 최소화해야

2023년 09월 04일

정부가 어떤 활동을 해야 할 것인가에 대해 경제학의 창시자인 애덤 스미스는 국방과 사법행정 그리고 공공토목사업을 들고 정부는 싸게 먹히는 정부, 즉 작은 정부가 이상적이라 했다. 그러나 오늘날에는 민간 부문이 제대로 수행할 수 없는 활동은 정부가 맡아 할 수밖에 없다는 입장이다. 그러다 보니 정부의 활동이 비대해져 비싸게 먹히는 정부가 됐고 이른바 혼합경제체제로까지 발전했다.

문제는 시장도 곧잘 실패하는 것처럼 정부도 곧잘 실패할 수 있다는 것이다. 또 정부의 비효율도 심각한 문제로 대두되고 있다. 정부 실패와 비효율은 주로 어떤 요인에 의해 발생하는 걸까.

첫째, 정부의 개입이 때로는 예상하지 못한 결과를 가져다 주는 경우다. 대표적인 예가 지난 정부의 소득주도성장 정책과 임대차 3법이다. 소득주도성장은 정부가 돈을 뿌리면 수요가 창출돼 경제가 성장하리라는 논리인데, 성장잠재력이 고갈된 상태에서 돈만 뿌린다고 저절로 성장이 이뤄질 수는 없다. 또 서민생활을 위한다는 임대차 3법도 오히려 전세가 폭등과 전세대란을 야기한 대표적인 실패작이다. 김영삼 정부가 재정을 방만하게 운영하고 시장개방하에 인위적으로 저환율 정책을 쓴 것이 화근이 돼 외환위기를 자초한 것도 대표적인 정부 실패라 하겠다.

둘째, 정부 정책의 목표가 분명하지 않아 비효율을 야기하는 것이다. 정부는 걸핏하면 공익을 위한다고 하는데 공익이라는 개념은 애매하고 또 평가하기도 어렵다. 특히 정부의 정책 분야에 있어 수단과 목표 간의 관계에 관한 지식은 불충분하거나 잘 파악하기 어렵다.

셋째, 정책의 시행 실패도 문제다. 어떤 정책을 시행하기까지에는 복잡한 제도를 필요로 할 뿐 아니라 행정부와 의회 간에 교섭과 설득이 이뤄져야 하는데 필요한 기간 내에 이뤄지지 않아 경제효과를 실기하는 경우가 다반사다.

넷째, 정부의 개입은 관료제의 운영에 따른 비용을 수반한다. 즉, 정부의 개입은 공짜가 아니다. 따라서 이들 비용을 반드시 고려해 평가해야 하나 고려되지 않는 경우가 대부분이다.

다섯째, 공공재나 공공서비스의 소비자들은 이들의 비용을 의회가 보장해줄 뿐 아니라 비용과 편익에 대한 정보를 잘 알기 어려워 공공서비스의 비용을 과소평가하게 돼 과다 수요를 불러일으키고 나아가 자원의 낭비를 초래할 수 있다.

여섯째, 정치가나 관료는 정권 유지나 당선을 위해 공공서비스를 실제의 비용보다 낮은 가격이나 요금으로 공급하려 하거나 무상으로 공급함으로써 무리 승차, 즉 과다 수요를 불러일으킨다.

일곱째, 정부 부문에서는 이윤 동기 미흡으로 경쟁조건이 결여되고 그로 인해 낭비와 비능률이 발생한다.

여덟째, 정부 조직은 특유한 노동집약성 때문에 비효율이 생긴다.

아홉째, 예산 편성과 의회제도의 경직성 그리고 개혁 유인의 결여로 정부가 공급하는 서비스의 비용이 많이 든다.

열번째, 행정 수완 부족으로 공공재산의 관리를 효율적으로 운영하지 못한다. 정부도 투자 효과를 극대화하기 위해 편익 분석을 통한 예비타당성을 분석하기도 하지만 정치적으로 예비타당성 검토를 면제하는 경우가 많다.

정부도 민간 부문 못지않게 노력하고 혁신해 효율성을 최대한 확보하도록 노력해야 한다. 부패와 비리를 척결해야 함은 물론 국민의 세금이 보장된다고 해서 무사안일에 안주한다면 결국 국민 부담으로 이어지고 국가경쟁력도 타격을 받는다.

정부 예산과
드러나지 않는 경비

2023년 10월 16일

내년에 정부가 쓸 경비는 얼마나 될까? 정부는 내년도 예산을 657조원으로 책정했다고 한다. 이는 화폐적 비용을 수반하는 국가 예산만에 의한 경비를 뜻한다. 이를 '드러난 경비'라고 한다. 그런데 실제의 정부활동 중에는 '드러나지 않는 경비'가 상당히 많이 있다. 이를테면 징병, 명예직, 부역 등은 엄연히 정부활동 수행에 소요되는 서비스임에도 소액이거나 거의 무상으로 획득되고 있어 예산에는 반영되지 않으므로 드러나지 않는 경비라고 할 수 있다.

현재 징병에 의한 군인들에 대해서도 약간의 봉급을 지불하고 있으나 공무원 9급의 임금 수준에는 훨씬 못 미친다. 이는 기회비용(opportunity cost)이라는 측면에서 보면 차액만큼 실질적으로 국민 부담이 되고 있음에도 경비로 계상되지 않는다. 예를 들어 이등병의 월급은 64만원인데 9급 공무원의 월급은 236만원으로 이를 기준으로 따지면 172만원이 드러나지 않는 경비인 셈이다. 만일 군 복무에 따른 드러나지 않는 경비를 전체적으로 합산해 본다면 국방비 예산은 지금보다는 훨씬 큰 금액이 될 것이다. 이는 한 예에 지나지 않으므로 '드러난 경비', 즉 예산만에 의한 정부활동 내지 재정활동은 실제의 정부활동을 제대로 반영하지 못함은 물론 사실상 재정활동을 왜곡시키고 있다고 볼 수 있다. 따라서 엄격하게 따진다면 이들 드러나지 않는 경비를 모두 정확하게 포함시켜 정부활동 내지 재정활동을 파악하는 것이 이상적이다.

그런데 경비면에서만 드러나지 않는 경비가 있는 것이 아니라 세제면에서의 드러나지 않는 경비도 상당히 많다는 점이다. 이른바 '조세지출(tax expenditure)'이라고 하는 것인데 소득공제, 세액공제, 조세감면, 특별상각 등이 이에 속하는 것들로 이들은 직접경비 또는 보조금의 형태로 예산에 계상돼야 함에도 일종의 '뒷문지출(back door spending)' 형식으로 예산에 계상되지 않은 채 지출되는 경비라는 점에서 역시 드러나지 않는 경비라 할 수 있다.

정부는 내년도 정부예산을 657조원으로 계상하고 있는데 조세감면액, 즉 조세지출을 59조원으로 책정하고 있어 이를 예산에 포함시킨다면 사실상의 세출은 716조원에 달하는 것으로 보는 것이 합당하다. 이 밖에도 준조세(semi tax)라 할 수 있는 각종 성금과 기부금, 건강보험료, 원호성금, 새마을성금, 방위성금, 체전기부금, 법정부담금(내년 24조원 징수 예정) 등 정부는 여러 가지 명목으로 국민들로부터 실질적 경비의 성격을 띠고 있는 것들을 거둬들이는데 사실상 이들 항목도 역시 경비에 속하지만 실제로는 예산에 반영되지 않는다. 전국경제인연합회가 발표한 준조세 부담 현황 조사에 의하면 2021년 기준 광의의 준조세는 약 181조1천억원으로 2021년 기준 조세총액 456조9천억원의 39.6%에 달했다. 만일 금년에도 200조원 정도의 준조세, 즉 드러나지 않는 경비를 거둬들인다면 이들만큼 실제의 경비는 늘어나게 되는 셈이다.

따라서 재정활동을 올바르게 파악하기 위해서는 '드러난 경비', 즉 예산에다 '드러나지 않는 경비'를 모두 포함시키는 것이 이상적이다. 만일 모든 드러나지 않는 경비를 세출에 포함시킨다면 배보다 배꼽이 더 커지는 사태까지는 아닐지언정 실제의 재정 규모는 현재보다 엄청나게 큰 규모가 될 것이다. 우리 평범한 시민들은 정부가 발표하는 예산만을 통해 정부활동이 이뤄지는 것으로 생각하나 실상은 그렇지 않다. 이들 정부활동은 모두가 국민의 부담과 희생 위에 이뤄지는 것이므로 절대로 허투루 쓰거나 낭비해서는 안 된다.

한국경제 내년도 성장전망 여전히 어둡다

2023년 11월 13일

우리 경제는 올해도 1.4% 정도 성장할 것으로 내다보고 있으나 내년에도 별로 좋아질 것 같지 않다. 국내외적인 경제환경이 올해보다 결코 나아지지 않을 것으로 전망되기 때문이다. 우선 대외적인 요소로는 우크라이나전쟁이 쉽게 끝날 것 같지 않은 데다 이스라엘과 하마스의 전쟁이 새롭게 발생했기 때문이다. 만일 이스라엘과 하마스 간의 전쟁이 중동전으로 확대된다면 석유 가격의 급등으로 비화돼 우리 경제는 물론 세계경제에 찬물을 끼얹어 더욱 어려워질 것이다. 또 미국 경제의 물가 상황과 고금리정책이 쉽게 완화될 조짐을 보이지 않는 것도 우리에게는 부담이다. 미국, 일본 경제가 비교적 높은 성장세를 보이고 있으나 역시 앞으로의 전망은 좋지 않다. 독일을 포함한 유럽 국가들의 경제도 에너지 가격의 폭등으로 침체를 겪고 있다.

다음으로 우리 경제 상황을 살펴보기로 하자. 첫째, 국내 물가의 안정이 쉽지 않다는 점이 우려된다. 10월의 소비자 물가가 전년비 3.8% 상승해 안정을 찾지 못하는 데다 미국의 고금리 정책이 지속됨에 따라 달러 환율이 1천300원 수준까지 상승함으로써 수입물가 상승 부담으로 파급되고 있어 문제다. 여기에 유가 상승과 같은 악재마저 발생한다면 물가안정은 더욱 기대하기 어렵다. 특히 내년에는 총선이 있는 해여서 돈이 많이 풀릴 가능성이 있는데 이에 따른 물가 상승도 우려된다.

둘째, 국내 경기 부진과 물가 상승으로 소비 증가가 성장을 견인할 여력이 없어 보인다. 생필품 가격이 너무 올랐고 석유류 가격의 인상과 더불어 전기 가스 등 공공요금도 줄줄이 인상이 예상돼 서민들의 호주머니가 얇아질 전망이어서 소비 진작에 의한 성장 전망은 어둡다. 주식시장마저 침체되고 있을 뿐 아니라 주택시장도 잔뜩 움츠러든 점 등도 소비에는 악재일 수밖에 없다.

셋째, 해외 경기가 침체 국면에 있는 데다 국내외 금리가 고공 상태여서 설비투자 증가를 기대하기 어렵다. 특히 부실 기업이 크게 늘고 있는 것도 문제이고 그에 따른 부채 상환의 연체도 금융 불안의 뇌관이 될 수 있어 우려된다. 다만 반도체산업의 대규모 투자와 전기차 생산투자 그리고 중동 특수 등에 의한 투자는 기대할 수도 있다.

넷째, 수출시장 수요도 커다란 신장을 기대하기 어렵다. 최근의 무역수지 흑자는 수출 증가에 의한 것이 아니라 수입 감소에 의한 불황형 흑자다. 반도체는 침체를 벗어나는 분위기이긴 하나 수요가 크게 늘기를 기대하기는 어렵고 주 수출시장인 중국 경제도 상황이 좋지 않고 독일 등 유럽의 선진국 경제도 과도한 에너지 가격 상승으로 저성장의 늪에 빠져 있어 빠른 경제 회복을 기대하기 어렵다. 다만 중동지역 국가들은 석유 가격의 고공행진으로 그에 따른 특수를 기대해 볼 수는 있다.

다섯째, 부동산 시장은 한국은행이 금리를 더 이상 올리지 않으려 안간힘을 쓰는 바람에 안정을 취하는 모습을 보이고 있으나 영끌족들을 포함한 다주택 보유자들이 얼마나 버티느냐가 관건이다. 이 같은 여러 요인을 고려해볼 때 내년도 우리 경제는 2% 성장도 낙관하기 어렵다. 다만 중동에서의 전쟁과 우크라이나전쟁이 종식된다면 상황은 좀 달라질 수는 있겠다.

초 엔고에서 초 엔저로의 회귀와 대일 무역적자 누적

2023년 12월 11일

일본경제신문사는 1986년에 일본 내외 유식인 100인에게 2001년의 일본경제의 모습에 대한 경제예측 조사를 한 적이 있다. 그때 한국인으론 조순 서울대 교수와 필자가 초대 받아 동 설문조사에 참여했다. 조사문항 중 2001년의 일본엔 대 달러 환율 예측치에 대한 질문이 있었는데 50인이 100엔 미만으로 예측했고 필자는 80엔이 될 것으로 예측했다.

그런데 2000년에 엔화가 1달러에 114엔에 이르렀고 2008년의 미국 금융위기 직후인 2011년에는 엔고가 극에 달해 77.8엔까지 치솟았다.

어쨌든 일본 엔화는 1971년의 이른바 닉슨쇼크로 1달러 360엔에서 300엔으로 대폭 절상됐고 다시 1985년의 플라자 합의에 따른 2차 엔절상 압력으로 86년엔 160엔, 87년엔 123엔으로 치솟았다.

이 같은 일본엔화의 초 강세는 일본경제를 견디기 힘들게 했다. 미국의 대일무역 적자 누적과 경상수지 적자 누적으로 일본경제를 견제하지 않을 수 없었지만 과도한 절상이었다. 아무리 일본 경제력이 강하다 하더라도 그러한 과도한 엔절상은 일본 경제가 감내하기 어려운 수준이었다.

일본 경제는 넘쳐나는 경상수지 흑자로 자본유출이 불가피했고 그에 따른 무모한 해외 부동산 투자로 엄청난 손실을 봤다. 또한 거액의 해외 금융자산 투자도 계속적인 엔 절상으로 막대한 손실을 볼 수밖에 없었다. 결국 일본은 엔고 불황을 타개하기 위한 대대적인 금융완화 정책과 대형 긴급재정 조치로 급속한 호황으로 치달았으나 제때 긴축정책을 펴지 못해 경제 거품을 유발, 일본경제를 깊은 수렁에 빠지게 했다. 폭등한 주식과 부동산이 후에 폭락함으로써 역자산효과를 일으켰고 일본경제는 가계, 기업, 금융기관이 파탄에 이를 수밖에 없었다.

이 여파로 일본경제는 잃어버린 30년의 인고의 시절을 겪었다.

미국은 대일무역 역조를 해소하기 위해 지속적으로 엔화의 절상을 압박해왔음에도 불구하고 일본의 대미 무역흑자를 줄이는 데는 실패했다. 일본의 엔화가 아무리 절상돼도 일본의 대미무역이 적자를 이룬 적은 한 해도 없었고 여전히 거액의 흑자기조가 지속되고 있다. 즉 플라자 합의 이후 일본이 엔고 불황을 극복하기 위한 정책실패로 잃어버린 30년의 불황을 겪긴 했어도 일본의 대미 무역수지 흑자는 결코 줄지 않았다.

예를 들어 2000년에 달러화는 114.4엔이었는데 일본의 대미 무역흑자는 662억달러였고, 2011년에는 77.8엔이라는 초 엔고에도 대미 무역흑자는 522억달러에 달함으로써 일본의 무역흑자는 난공불락의 성임이 입증된 셈이다. 그런데 이번에는 초 엔고에서 초 엔저로 즉 77.8엔에서 150엔 대로 회귀했으니 대미무역 흑자는 더욱 커질 것 같다.

일본의 저명한 경제평론가인 가나모리 히사오는 1987년에 한국이 머지않아 미국과 일본에 대해 무역흑자를 이룰 것으로 예측했으나 미국에만 2000년대에 들어 흑자로 반전했다.

2022년에는 280억달러의 흑자를 기록했지만 일본에게는 현재까지 단 한 해도 무역적자를 면해본 적이 없고 극도의 엔고에도 거액의 무역적자를 이어갔다. 즉 최고의 엔고일 때도 300억달러 가까운 적자를 냈고 2022년에는 241억달러 적자로 총무역적자의 51%를 점했다. 지난 57년간 대일 무역적자 누적액은 7천억달러에 달했다. 아직도 우리의 가전, 자동차 등 주요 소비재는 일본시장을 뚫지 못하고 중요 원자재, 기자재 등은 여전히 일본에 의존하고 있다. 여기에 여행수지마저 적자를 나타내고 있다. 초 엔저시대로의 회귀는 우리의 영원한 숙제인 대일무역적자 해소를 더욱 어렵게 할 것 같아 우려스럽다.

선진국에 진입한 한국경제 무엇이 문제인가

80년대 운동권 학생의 잘못된 경제관

2024년 01월 08일

1980년 5·18민주화운동 이후 대학사회는 몹시 시끄러웠고 혼란스러웠다. 1987년 민주화 직후에도 상황은 크게 변하지 않았다. 특히 당시 운동권 학생들은 민주화 투쟁을 한다면서 NL이니 PD니 하는 사회변혁운동을 주장하기까지 했다.

당시 민주화를 하겠다는 학생들이 사회주의 이념 운동에 빠져든 것을 도저히 이해할 수 없었다. 그러던 중 필자는 1986년 9월부터 니혼게이자이겐큐센터에 1년간 객원연구원으로 근무한 적이 있다. 이때 이 연구소의 이사장이었던 가나모리 히사오씨가 소련을 방문하고 돌아와 소련이 매우 낙후됐다고 하면서 심지어 일류호텔이라고 하는데 욕실의 물마개마저 사람들이 훔쳐간다는 것이었다. 또 당시 중공으로부터 이 연구소에 파견나온 이는 필자와 한 연구실에 있었는데 자기가 전에 북한에 근무한 적이 있다며 북한은 중국보다도 너무 못산다고 했다. 필자는 1978년 아르헨티나를 경제조사차 방문한 적이 있었는데 온건 사회주의 국가였음에도 경제 상황이 매우 좋지 않았음을 확인한 적이 있었다.

필자는 니혼게이자이겐큐센터 경제회보(1986년 12월호)에 '5つの經濟發展要因'(다섯 가지의 경제발전요인)이라는 논문을 발표한 적이 있다. 즉, 후진국이 경제발전을 하기 위해서는 △국가와 국민의 경제발전 의욕이 있어야 하며 △자본주의 체제여야 하며 △정부가 경제발전을 위한 주도자로서의 역할을 수행해야 하고 △경제발전을 위해서는 인적자원 육성, 즉 교육이 필수적이며 △선진국을 따라잡기 위해서는 모방효과를 극대화해야 한다는 내용이었다.

이 당시 국제사회에서는 한국, 대만, 싱가포르, 홍콩을 '네 마리의 용' 또는 '네 마리의 호랑이'라고 평가하면서 이들 국가의 경제발전을 칭송하기까지 했으며 특히 일본 매스컴들은 한국을 경계해야 한다는 목소리까지 내곤 했다.

안식 연구를 마치고 귀국, 1988년 봄학기 강의 시간에 일본에서 발표한 논문의 '다섯 가지 경제발전요인'에 대해 설명하면서 특히 북한과 아르헨티나의 예를 들어 사회주의로는 절대 경제발전을 이룩할 수 없다고 하자 한 학생회 간부가 일어나 자기들에게 잘못된 지식과 정보를 제공한다고 강하게 항의까지 하면서 강의실을 뛰쳐나갔다. 한 학생은 북한에는 세금도 없고 지하철도 공짜라는 주장을 펴기까지 했다.

필자는 교수의 생각과 정보가 설사 너희들의 것들과 다르다고 하더라도 나만 옳고 상대방은 틀리다고 하는 자세를 취하는 것은 잘못된 행동이라고 꾸짖었다. 그런데 이 당시의 운동권 학생들은 사회주의 이론을 책을 통해 배웠는지 모르지만 사회주의 국가들에 대한 그릇된 정보를 어디에서 습득했는지 의아스러웠다. 당시 죽의 장막이나 철의 장막처럼 닫혀 있었던 공산 사회주의 국가들에 대한 올바른 정보를 입수하기가 어려웠던 게 원인이었을 수도 있지만 사회주의 이념에 빠져 있었던 게 원인인지도 모른다.

이런 일이 있은 지 채 2년도 안 돼 소련을 비롯한 동구권 사회주의국가들이 몰락했다. 지금 우리의 경제력(2019년 기준)

은 국민소득 기준으로 무려 북한의 54배에 달한다. 최근 일론 머스크의 남북한 야경사진도 남북한 경제의 실상을 잘 보여준다. 북한 사회주의 경제의 완패라고 할 수 있다. 1980년대의 운동권 학생들이 우리의 정치판에 주류로 등장한 지도 30여년이 된다. 요즘 복지를 내세워 중앙정부나 지방정부가 퍼주기 경쟁을 벌이고 있는 포퓰리즘도 그들에게 잠재돼 있는 사회주의에 대한 동경 의식에서 비롯되는 것 아닌가 의심해보기도 한다. 그러나 생산 없는 소득은 지속될 수도 없거니와 허구일 뿐이다.

달갑지 않은
남북 군비경쟁

2024년 02월 05일

경제학의 창시자 애덤 스미스는 248년 전 그의 저서 '국부론'에서 작은 정부, 즉 싸게 먹히는 정부론을 폈다. 정부의 임무로 사법행정, 국방, 공공토목사업을 들고 경비는 자본주의적 질서를 보증하는 데 최소한도의 것이어야 한다고 주장했다. 그런데 국방에 대해서는 주권자 제1의 의무, 즉 그 사회를 다른 독립된 사회의 폭력과 침략에서 보호할 의무는 군사력에 의해서만 수행될 수 있으므로 사회가 발전함에 따라 국방경비가 더욱더 많이 필요하게 된다고 역설했다. 나아가 근대전에서는 화기의 경비가 너무 크기 때문에 그 경비를 가장 잘 감당할 수 있는 국가가 가장 유리하다고 했다.

아닌 게 아니라 무기 경쟁사를 보면 활에서 소총으로 대포로 로켓으로 미사일로 대륙간탄도탄으로, 핵탄두 미사일로 끝없이 발전하고 있다.

스미스의 논리는 오늘의 남북한 군비경쟁에서도 잘 입증되고 있다. 북한은 취약한 경제력에도 불구하고 군사력 강화를 위해 안간힘을 쏟고 있다. 우리도 북한의 군사력에 대적하고자 군사력 우위를 지키려고 지속해서 군사력을 강화하고 있으며 신무기 수입을 비롯해 신무기 생산에 막대한 국방비를 지출하고 있다. 무기 경쟁은 갈수록 극에 달해 북한은 핵을 동원한 무기 개발에 열중하며 우리를 위협하고 있다.

우리나라 국방비 예산 추이를 보면 1980년 2조2천465억원에서 2020년에는 50조1천527억원으로 40년간 22배 증가했다. 국방비 지출 추이를 1980년 이후 10년 주기로 보면 1990년에는 3배 늘었고 2000년에는 1990년에 비해 2.2배, 2010년에는 2000년의 2.2배, 2020년에는 1.7배 증가했다.

10년 주기로 국방비가 거의 2배 이상으로 증가해 왔다. 이런 국방비의 팽창은 높은 경제성장 덕분에 국내총생산(GDP)

선진국에 진입한 한국경제 무엇이 문제인가

에서 차지하는 비중은 점차 줄어 1980년에는 국내총생산에서 차지하는 비중이 5.9%였으나 2020년에는 2.6%로 상당히 낮아졌다.

우리는 과거 대부분의 무기를 원조와 수입에 의존해 왔으나 그동안 경제발전과 더불어 방위산업도 괄목할 만한 성장을 함으로써 최근에는 무기 수출도 크게 늘었다. 우리의 무기 수입 규모는 2016년부터 2020년까지 세계 7위일 정도로 큰 비중을 차지하고 있으며 무기 수출 규모는 세계 9위를 기록하고 있다.

미 국무부가 발표한 북한의 국방비 지출 추계는 2019년 43억 내지 110억달러로 추정하고 있는데 우리 국방비 440억달러(2020년)의 10분의 1 내지 4분의 1 정도이나 국방비에 GDP의 무려 15% 이상을 지출하고 있다. 그야말로 국방에 출혈하고 있다고 봐야 할 것이다. 북한의 경제 규모가 우리의 54분의 1 정도에 불과함에도 GDP의 15%를 국방에 지출한다는 것은 엄청난 희생이라 볼 수 있다. 국방비 부담은 국가와 국민의 안위를 위해 지출한다는 점에서는 생산적이라 하겠으나 다른 한편으로는 국민의 희생을 통해서만 이뤄진다는 점에서는 비생산적이다.

우리의 국방비가 비록 북한만을 경계의 대상으로 삼는 것은 아니나 특히 남북 간 군비 확장을 위해 끝없는 경쟁을 벌이는 것은 모두에게 불행이다. 평화를 담보할 수만 있다면 이 끝없는 군비경쟁을 하지 않음으로써 국민의 희생을 줄이고 복지를 향상할 수도 있는데 참으로 안타까운 일이다.

최빈국·중진국·선진국 삶 모두 경험한 세대

2024년 03월 11일

    현재 60대 이상의 어른들은 지옥과 같은 최빈국의 삶은 물론 어느 정도 경제발전을 이룩했던 중진국의 삶도, 오늘날과 같은 선진국의 삶을 모두 경험해 본 세대로 인류 역사상 이런 경험을 한 세대는 지구상에서 찾아보기 힘들 것이다.

    특히 이들은 식민지 시대와 6·25전쟁을 겪은 세대들로 먹을 것과 입을 것에 굶주림은 물론 형편없는 주거생활에 생활편의 시설과 이렇다 할 문화시설도 찾아볼 수 없는 거의 지옥이나 다름없는 빈곤 생활을 겪은 세대다. 1960년대 초만 해도 1인당 국민소득이 겨우 60달러 정도의 최빈국이었으니 그럴 수밖에 없었을 것이다.

하지만 온 국민의 노력 끝에 중진국을 거쳐 현재는 3만6천 달러로 세계 10위권의 선진국에 진입했으니 놀라운 일이다.

우리가 지금 누리고 있는 현 시대는 과거 선진국들이 200년 내지 300년에 걸쳐 이룩한 그런 시대를 불과 50, 60년 만에 달성한 것이므로 기적이라고 할 수 있다. 먹고 입고 보고 즐길 것이 넘쳐나고 해외여행까지도 자유로이 할 수 있는 등 생활이 말할 수 없이 편해졌을 뿐 아니라 풍요로워졌다. 가정마다 TV를 비롯해 세탁기, 자동차, 에어컨, 컴퓨터를 비치하고 있으며 식구 모두가 휴대전화를 소지하고 있고 전기와 가스를 일상적으로 사용하는 등 이들 세대가 과거 먹지도 보지도 누리지도 상상하지도 못한 것들을 다 누리면서 문화생활을 하고 있다.

우리가 생산한 상품들이 세계를 누비리라고 누가 상상이나 했겠는가. 세계 수출시장에서 1위를 차지한 품목이 TV, 반도체, 선박 등을 비롯해 69개나 되며 인공위성도 쏘아 올리니 말이다. 1960년 불과 3천300만달러 수출에서 지난해 6천200억달러를 수출했으니 지금은 60, 70년 아니 그 이전에 비하면 천지개벽의 시대가 도래했다고 할 수 있을 것이다.

선진국에 진입한 한국경제 무엇이 문제인가

이런 지상천국의 생활을 이룩한 것은 이들 60대 이상의 어른들이 가난에서 탈출하고자 온갖 노력과 고초를 겪음으로써 성취한 것이라는 점을 명심해야 할 것이다. 지하 수십m 땅속에서 석탄을 캐는 것은 말할 것도 없고 국내에 일자리가 없어 이역만리 독일로 갔거나 시신 다루는 간호사직을 마다하지 않았으며 열사의 나라 중동에서 청춘을 바치기도 했다.

국내에서는 일자리만 제공되면 궂은 일, 힘든 일이나 밤낮을 가리지 않고 일했고 근로 시간도 할 수 있는 한 최대한 일하곤 했다. 그야말로 온 국민이 땀과 피를 흘려가며 온갖 노력을 다해 일한 결과 오늘날과 같은 지상천국을 건설했다.

그러므로 지금 60대 이상의 세대들은 지옥과 천국을 모두 경험해 본 유일 세대라고 할 수 있을 것이다. 지구상에 이같이 짧은 기간에 특히 자기의 일생 가운데에서 지옥과 천국의 삶을 동시에 경험한 세대가 우리나라의 60대 이상 말고는 찾기 힘들 것이다. 이들 세대 모두가 죽기 살기로 열심히 일했지만 그들 자신도 이런 풍요한 삶을 누릴 것이라고 상상하거나 꿈을 꾸지도 못했을 것이다. 그런데 이른바 MZ세대들은 지옥과 같은 빈곤을 경험해 보지 않은 채 선대들이 이뤄 놓은 지상천국에 태어나 풍요를 누리고 있다. 그럼에도 출산율 세계 꼴찌, 자살률 세계 1위라는 불명예를 안고 있으니 이들을 어떻게 받아들여야 할지 난감하고 안타깝다.

세종시로의 행정수도 이전은 실패작 아닌가

2024년 04월 05일

　지난 2022년은 새로운 행정수도인 세종특별자치시가 출범한 지 만 10년이 되는 해였다. 정부는 수도권 과밀을 억제하고 국토의 균형발전을 이루고자 세종시에 중앙행정기관 44개와 정부 출연기관 17개를 이전했다.

　수도권에 인구의 50% 정도가 살고 있음은 극도의 비정상일 뿐 아니라 과도한 집중은 주택난과 부동산가격 폭등, 교통난, 환경 문제, 지역 간 격차와 불균형 등을 초래한다는 점에서 심각한 문제다. 그렇다 해서 단순히 행정수도 이전을 통한 수도권 과밀 해소라고 하는 극약처방이 과연 올바른 해법이었는지 의문이다.

중앙 행정공무원과 공공기관직원 2만여명과 그들에게 딸린 식구들을 서울에서 내보내는 데 무려 106조8천억원이 투자됐다고 하는데 과연 수도권 과밀 억제를 위한 바람직한 정책이었는지 이해하기 어렵다.

2012년의 세종시 인구는 11만3천명이었는데 2022년 38만명으로 10년 사이에 27만명이 증가했다. 그런데 수도권, 즉 서울, 경기, 인천의 인구는 이 기간 무려 85만명이나 증가했다(서울 인구는 76만명 감소). 2022년은 세종시의 순유입 인구 1만128명중 서울 출신은 342명에 불과했다니 나머지는 지방에서 유입된 셈인데 결국 지방의 인구 소멸만 부추긴 셈이다. 또 2015~2022년 수도권 국내총생산(GDP) 기여도는 2001~2012년 51.6%에서 무려 70.1%로 높아졌다. 결국 행정수도 이전 성적표는 낙제점이다.

필자는 행정수도 이전 정책에 대해 부정적인 견해를 피력했다(김포신문 2004년 8월16일). 논지는 다음과 같다. "수도권의 인구와 산업집중의 근본적 원인이 무엇인가를 명확히 분석 파악한 후 그들 원인을 제거하는 것이 선결과제인데, 행정수도만 이전한다고 해서 수도권 과밀 억제라는 정책효과를 기대할 수는 없다. 본질적인 문제에 접근하지 않고 피상적인 정책을 쓰면 효과를 기대하기 어렵다. 수도권 집중의 근본 원인은 ▲강력한 중앙집권적 관료 기구에 의한 전횡적인 의사결정 ▲만나서 밥 먹고 술 먹어야 관청 일이 해결되는 대면 행정 시스템 ▲사회간접자본 및 생산시설의 계속된 수도권 편중 투자 ▲우수한 교육시설 ▲수도권의 성장제약 원인을 완화하기 위한 지속적인 투자 ▲지방재정의 취약과 지원 인색 등이다. 이들 근본 원인을 제거함이 없이 행정수도만을 이전한다 해서 결코 수도권 과밀 문제가 해결될 수 없다. 무엇보다 시급한 과제는 위에서 지적한 근본 원인을 제거하는 일이 중요하고 나아가 자원 배분을 과감히 지방에 분산시키고 행정과 재정의 분권화를 촉진하고 지방재정을 강화하는 길만이 수도권 집중을 막는 길이다. 수도권에 살아야 일자리를 얻을 수 있고 재산 증식도 되고 교육도 잘 받을 수 있고 좋은 물도 마실 수 있다면 수도권 집중은 막을 길이 없다. 행정수도 이전은 막대한 재원을 필요로 하며 이는 각 지방에 돌아갈 재원을 제약할 것이고 오히려 지역 격차만 더 벌려 문제를 악화시킬 것이다. 특히 행정수도가 수도권 변경에 설치되면 가족들은 서울을 떠나지 않을 것이고 단순히 부임하거나 출퇴근하는 공무원만 양산하게 되며 교통 혼잡은 심해지고 인구 분산은 미미할 것이다."

더군다나 행정부만 이전하고 사법부와 의회를 서울에 남겨
둠에 따른 행정의 비효율을 따진다면 그 폐해는 엄청나다. 늦
은 감이 있으나 국회라도 세종시에 완전 이전한다면 행정의 효
율 차원에서는 조금이나마 긍정적 효과를 기대할 수도 있겠
다. 하지만 행정수도 이전을 통한 수도권 과밀 억제 정책은 실
패작으로 보인다.

의사단체 카르텔,
난공불락의 성인가

2024년 04월 22일

정부가 의대 정원 2천명 증원을 발표하자 전공의들이 반대를 위한 파업을 한 지도 2개월에 이른다. 전공의만이 아니라 의사마저 사직서를 내고 의대 학생도 휴학계를 내는 등 의료난이 일어나고 있다. 이에 환자들이 치료를 제대로 받지 못함은 물론 특히 응급환자들이 제때 치료를 받지 못해 사망하는 심각한 사태까지 벌어지고 있다.

의사들의 파업은 다른 직종 근로자들의 파업과는 달리 국민의 생명과 직결돼 있기 때문에 문제가 심각하다. 정부는 국민의 장래 건강복지 증진을 위해 우리의 의료 현황과 선진국들의 그것들을 비교해 앞으로 의사 수를 2천명 늘리기로 했으나 의사단체는 증원 불가는 물론 오히려 의사 수 축소를 주장하기까지 함으로써 난관에 봉착했다.

서울의 대학병원들은 예약하는 데도 5, 6개월 기다려야 하는 일이 다반사며 진료 시간은 3분 내지 5분에 지나지 않는 경우도 많다고 한다. 지방 병원에서는 연봉 3억~4억원을 준대도 의사를 구하지 못하는 실정이라고 하며 지방의 환자들은 서울로 원정 진료를 오느라 난리다. 지방 의대를 졸업한 후에도 의사들은 인구가 집중돼 있는 수도권으로 몰려와 개업하는 경우가 대부분이어서 지방에는 의사가 부족할 수밖에 없다.

특히 국민소득과 인구가 늘고 급속한 고령화에 따라 자연히 의료수요가 증가할 수밖에 없는 상황임에도 정부는 오히려 의사 수를 축소 내지 동결하는 우를 범했다. 즉, 국민소득은 2000년의 8천910달러에서 2023년 3만3천745달러로 무려 3.8배 늘었고 이 기간에 인구도 474만명이나 늘어 의료 수요가 크게 증가할 수밖에 없었음에도 정부는 오히려 2000년부터 2006년까지는 의사 수를 점진적으로 351명 줄이고 나아가 2006년부터는 아예 동결하기로 했는데 이는 정부의 커다란 실책이었다.

아마 이런 조치들은 압력단체로서의 의사들 영향력에 기인한 것으로밖에 볼 수 없다. 즉, 의사단체가 갑이고 정부가 을이었기 때문에 벌어진 사태라고 여겨진다.

서울시는 시민의 건강복지를 위해 12개의 시립병원을 운영하고 있는데 의료시설을 잘 갖추고 있음에도 필요한 의사를 구하는 데 어려움을 겪고 있다고 한다. 그래서 서울시는 오래전부터 서울시립대에 의과대학을 설립 운영해 필요한 의사들을 확충하는 방안을 정하고 의과대학 설립을 추진해 왔다. 즉, 서울시립대에 40명 내지 50명 정원의 의대를 설립해 학생들에게는 장학금을 지급하고 졸업 후에는 의무적으로 시립병원에 근무토록 함으로써 애로를 겪고 있는 시립병원의 의사 인력을 확보토록 한다는 계획이었다. 또 시립병원을 실습병원으로 활용할 수 있다는 장점도 있어 과거 수차례에 걸쳐 의대 설립을 추진해 왔으나 의사단체의 압력 때문이었는지 뜻을 이루지 못했다고 한다. 이번에도 신청하려 했는데 서울에는 증원을 하지 않는다는 기본방침으로 인해 좌절됐다고 한다.

서울시와 서울시립대학의 숙원사업인 40~50명 의대 설립 요구에도 성사가 안 됐는데 하물며 의대 정원을 2천명 늘리겠다고 하니 의사들이 기겁하지 않을 수 없었을 것이다. 의사 자격을 부여하는 권한을 정부가 지니고 있음에도 의사 증원을 스스로 결정하지 못하고 지자체의 절실한 요구마저 들어주지 못하는 상황을 보면 정부가 을이고 의사단체가 갑인 것이 맞다. 최근 의사단체의 장이 국회의원 30명 정도는 당선시킬 수도 있고 정권에도 영향을 미칠 수 있다고 주장한 점, 그리고 전 의사 단체장은 의사들을 이기는 정부는 없다고 공언했는데 의사단체의 영향력이 얼마나 센가를 여실히 말해준다.

의사단체는 난공불락의 성임에 틀림없다. 하지만 민주주의 사회에서는 양보와 타협도 필요하다.

저성장의 늪에 빠진 한국 경제

2024년 06월 03일

2008년 미국발 금융위기 이후 한국 경제는 저성장의 늪에 빠졌다. 즉, 2008년 이후 15년 동안의 경제성장률을 보면 2010년 6.8%, 2021년 4.3%의 높은 성장률을 보였지만 이 두 해는 각각 전해의 성장률이 0.8%, -0.7%인 제로 수준의 성장이었기 때문에 기저효과에 의한 것이므로 결코 높은 성장이 아니었다. 이들 두 해를 제외하고는 0% 내지 3% 수준의 저성장을 나타내고 있다.

이에 따라 1인당 국내총생산(GDP)도 2008년 2만7천658달러에서 2023년의 3만4천165달러로 겨우 23.5% 증가에 불과했다. 지난해 우리의 명목 GDP는 1조7천128억달러로 멕시코에도 뒤져 세계 14위였다. 그런가 하면 국가채무는 2008년 308조원에서 2023년에 무려 1천126조원으로 거의 4배에 달한다. 결국 경제가 성장하지 못하면서 빚으로 연명하는 형국이다.

2020년 이후의 부진한 경제성적은 코로나 팬데믹 영향 때문이라고 변명할 수도 있겠지만 문제는 기조적으로 저성장의 늪에서 빠져나오지 못하고 있다. 이는 우리 경제가 성장의 한계에 부딪힌 것 아닌가 하는 의구심을 자아내게 하고 있으며 문제에 제대로 접근하지 않고 해결하지 않는다면 선진국의 문턱에서 좌절하고 말 것이다.

그런 점에서 우리 경제가 안고 있는 문제점에 대해 짚어보기로 하자.

첫째, 글로벌 금융위기 이후 세계경제가 위축됨과 아울러 코로나 등이 가세한 영향이 컸다. 최근에는 미중 간의 갈등마저 빚어지고 있어 우리 경제의 악재로 등장하고 있다. 또 중국 경제의 급속한 추격과 우리와의 격차 축소로 경쟁이 치열해지는 것도 하나의 원인으로 보인다.

둘째, 급속한 고령화의 진전과 저출산 등으로 경제의 활력이 약화하고 있는 것도 한 요인이다. 수요와 공급이 다 같이 제약을 받고 있기 때문이다.

셋째, 과도한 임금 인상과 노동 투쟁, 그리고 지나친 규제 등으로 국내 기업들은 물론 해외투자 기업에도 투자 유인을 제공하지 못함으로써 성장의 제약 요인으로 작용하고 있다. 즉, 국내 기업들은 국내 투자를 기피하고 해외로 탈출함은 물론 외국 기업들도 국내 투자를 기피한다. 이는 그동안 기업들의 국내외 투자 동향을 보면 자명해진다. 즉, 글로벌 금융위기 이후 우리 기업들의 해외 직접 투자액(도착 기준)을 보면 2020년까지 매년 200억~300억달러에 달했으며 코로나 영향으로 일시 주춤했다가 2021년 494억달러, 2022년에는 502억달러였다. 그런가 하면 외국 기업의 국내 직접 투자액은 매년 200억달러를 크게 하회하는 수준이었다. 특히 최근에는 미국, 일본이 반도체와 이차전지 등에 막대한 보조금을 미끼로 투자를 유치하는 것도 크게 영향을 미치고 있다. 외국은 막대한 감세와 보조금을 제공하면서 해외기업의 투자를 유치하고 있는 데 반해 우리 정부는 아무런 유인책도 제공하지 않는다면 성장을 견인할 수단을 잃게 되는 것이다.

넷째, 정부의 정책 실패도 큰 요인이다. 근로자들의 복지 향상이라는 명분으로 임금을 과하게 인상한 것도 실책이다. 이는 물가에 영향을 미치기도 하지만 중소기업들, 특히 노동집약적인 서비스 업종에는 직접적인 타격을 준다. 다섯 째, 포퓰리즘적 정책의 남발도 문제다.

현재 여야는 물론 중앙정부와 지방정부를 막론하고 포퓰리즘 정책을 펴고 있는데 성장을 뒷받침하는 정책이 아닌 나눠먹기식 정책에 집중한다면 선진국 지위를 유지하기 어려울 것이다. 포퓰리즘은 마약과도 같다. 지금의 경제 상황을 냉정하게 직시하고 정부가 제대로 대처하지 않으면 선진국의 지위 유지도 어려울 것이다.

출렁다리가
황금알을 낳는 거위라도 되는가

2024년 07월 08일

지방자치제가 큰 꿈을 안고 출발한 지 30년을 넘겼다. 성년의 나이를 지났으니, 이제는 성숙할 때도 됐다고 하겠는데 지금까지의 행태를 보면 과연 지방자치제가 제대로 기능을 하고 있는지 의심스럽다. 선거로 선출된 자치단체장들이 지역주민들의 민의를 잘 반영하고 또한 창의력을 발휘해 지역 발전에 크게 도움을 줄 것이라고 기대를 걸었으나 지금 일어나고 있는 여러 가지 행태들을 살펴보면 실망을 금하지 않을 수 없다. 이미 필자가 본지의 지면을 통해 지적한 바와 같이 지자체들의 재정자립도가 전혀 개선되지 못한 점을 비롯해 자치단체장들이 표만을 의식해 선심행정에만 몰두하고 있다는 생각이 들어 안타깝다.

지역을 발전시켜 재정자립도도 높이고 진정한 자치 기능을 향상할 생각은 저버린 채 주민들의 환심만 사고자 포퓰리즘에만 몰두하고 있는 것이 아닌가 하는 생각이 든다. 지방자치단체들의 돈 씀씀이를 보면 그들의 처지에 국민의 혈세를 저렇게 써도 되는 것인가 하는 생각이 들 때가 많다. 설사 재정자립도가 100%가 된다 해도 저렇게 써서는 안 되는데 하물며 자립도가 10% 내지 20%밖에 안 되는 단체들이 저런 식으로 돈을 써도 되는지 묻고 싶다. 올해의 지자체 재정자립도가 역대 최악인 43%라고 한다. 이런 처지임에도 지자체들이 재정을 방만하게 운영하는 것은 아주 잘못된 처사이다. 현재 국가의 재정적자도 계속 늘고 있어 이는 결국 국가부채 증가로 이어질 수밖에 없는 처지임으로 지자체들마저 재정을 방만하게 운영하게 해서는 안 된다.

전국에 시군구 지자체가 226개라고 하는데 지금까지 건설된 출렁다리가 238개나 된다고 한다. 시군구 지자체 수보다 12개나 더 많은데 앞으로도 더 늘 것이라고 한다. 도대체 출렁다리가 황금알이라도 낳는 거위라도 되기에 전국 방방곡곡에 출렁다리 놓는데 지자체들이 경쟁을 벌인 것인가.

선진국에 진입한 한국경제 무엇이 문제인가

필자는 아무리 경제적인 지식을 동원해 곰곰 따져보아도 출렁다리가 황금알을 낳는 거위는커녕 그냥 돈을 탕진하는 것으로밖에 생각이 안 든다. 출렁다리 하나 만드는 데 작게는 20억 원 많게는 158억원이라고 하는 거액의 돈이 든다고 하는데 그들 출렁다리에서 무슨 수익이 나길래 전국에 226개나 되는 출렁다리를 건설했을까. 출렁다리는 교통수단도 아니어서 우리에게 통행의 편익을 제공하는 것도 아니고 그저 놀이로 이용할 뿐인데 국민에게 얼마나 많은 즐거움을 주려고 전국 방방곡곡에 그 많은 돈을 들여 출렁다리를 세운 것일까. 출렁다리를 만들어 요금을 받는 곳은 극소수라고 하니 수익을 내는 것도 아니다. 출렁다리로 인해 관광객을 끌어드리겠다고 하는데 주위 환경에 따라 출렁다리 매력이 약간의 차이가 있을지는 모르겠으나 출렁다리는 출렁다리일 뿐이다. 따라서 출렁다리 한두 번 경험하고 나면 그게 그거라고 생각되므로 출렁다리로 인해 관광객을 유치한다는 것은 말이 안 된다. 모방도 분수가 있지 이런 모방은 해서는 안 된다.

지역의 생산과 고용 증대를 통해 소득을 창출할 사업이라면 모방을 마다하지 않을 것이다. 전국에 한두 개만 있다면 희소성에라도 효용가치가 있으련만 가는 곳마다 출렁다리가 있다면 희소가치도 사라지고 결국 머지않아 다 사장될 것이 뻔하다. 아무리 자치단체가 자율적인 재정지출을 할 수 있다 하더라도 이런 식의 무분별한 지출을 허용해서는 안 된다. 하급 자치단체의 능력만으로 출렁다리를 건설할 수 없는 경우에는 상급 자치단체의 지원이 필요했을 텐데 통제는커녕 자금 지원을 했다면 상급단체도 재정낭비의 공범 역할을 한 셈이다. 우리나라의 출렁다리 226개는 아마도 기네스북에 올라야 할 정도가 아닌지 쓴웃음을 짓게 한다.

부동산 경기 과열
극도로 경계해야

2024년 08월 12일

최근 서울의 아파트값 주간상승률이 5년10개월 만에 19주 연속 오름세를 나타냄과 아울러 전세금도 63주 연속 상승했다고 한다. 특히 7월8일 주간에는 아파트값이 0.28% 올라 2018년 9월 셋째 주 이후 가장 많이 뛰었으며 서울의 토지 가격도 아파트값 상승률의 배가 올랐다고 한다. 그뿐만 아니라 이런 서울의 부동산 가격 상승이 수도권으로 빠르게 옮겨 붙어 과천, 성남, 하남, 용인, 광명의 집값이 가파르게 오르는 경향을 보여 수도권의 부동산 가격 상승세가 심상치 않음을 보여주고 있다. 또 동탄에서는 분양경쟁률이 294만대 1이라고 하는 기록적 현상마저 나타나 부동산 시장이 과열 조짐을 나타내고 있는 것 같다.

주택 가격의 안정은 집 없는 사람들의 주거생활을 안정시킨다는 점에서 중요하고 또 토지 가격의 안정은 주택 가격의 안정을 위해 필요할 뿐 아니라 기업의 자본비용을 안정시킨다는 점에서 대단히 중요하다. 그럼에도 불구하고 역대 정부가 냉탕 온탕의 부동산 정책을 펴오는 바람에 애꿎은 국민만 골탕을 먹고 있다.

과거 노태우 정권하에서는 서해안 개발이라는 캐치프레이즈를 내세우자 부동산값이 폭등하는 사태를 빚었고 노무현 정권하에서는 행정수도 이전과 국영기업의 지방분산 정책이 부동산값의 폭등을 불러왔으며 문재인 정부에서는 수급의 불안정에도 불구하고 주택담보대출 금리를 지나치게 낮춤으로써 갭투자의 열풍을 불러일으켜 23차례의 부동산 가격 안정화 대책을 내놓았으나 허사였다. 부동산 문제는 국민경제에서 차지하는 비중이 대단히 크다는 점에서 정부가 세심한 주의를 기울여 가격 안정을 기하지 않으면 안 된다. 잘못 대응하면 과거의 실패를 반복하는 우(愚)를 범하게 된다.

특히 수도권에는 주택에 대한 수요가 지속적으로 늘 수밖에 없는 구조라는 점이 문제다.

첫째 100세 시대를 맞아 수도권에 거주하는 70, 80대의 자녀들 2세, 3세가 집을 필요로 하는 수요자들로 등장하고 있는 점, 둘째 수도권에 판교, 마곡 등에 테크노밸리를 조성함과 아울러 평택, 화성, 용인 등에 지속적으로 공단을 유치함에 따른 주택 수요 증가, 셋째 서울에 일류 학교와 일류 학원이 자리 잡고 있어 지방 부유층 자녀들의 교육을 위한 주택 수요가 늘고 있는 점, 넷째 해외의 부동산 투자자들과 지방 부호들의 수익 창출을 목적으로 하는 수도권 주택투자 수요도 제법 많은 점, 다섯째 그동안 고금리로 주택 수요자들이 움츠리고 있다가 전셋값과 건축자재값이 폭등하고 신규 분양마저 저조해지자 불안심리가 팽배한 상황에서 주택담보대출 금리가 3% 초반대까지 내려가자 내 집 마련 쪽으로 급선회하는 것으로 보인다.

이런 수요 증가 요인에도 불구하고 정부가 새로운 주택단지 개발, 재건축, 재개발 등의 발 빠른 공급 대응책을 펴지 못하고 있는 것이 수급 불안 요인으로 작용하고 있다. 그동안 갭투자에 의한 다주택 보유자들에 대해서도 세제상의 퇴로를 열어주지 않음으로써 공급의 장애요인이 되는 것도 문제다.

결국 부동산 시장은 정부가 어떻게 대응하느냐가 중요하다.

선진국에 진입한 한국경제 무엇이 문제인가

항상 뒷북치는 조치로 실기하는 경우가 다반사다. 수급에 적극 대응하고 수요자들의 투기심리와 불안심리를 사전 차단하는 조치가 매우 중요하다. 특히 현재 가계부채가 2천250조원에 이르고 국내총생산(GDP) 대비 92%에 달하고 있는 점도 대단히 우려된다. 정책적인 관점에서 부동산에 대한 금리정책은 매우 중요한 몫을 차지한다. 문재인 정부의 부동산 대출금리정책 실패를 반면교사 삼아 금리정책에서도 적절히 대응함으로써 절대로 같은 우를 범하지 말아야 할 것이다.

선진국에 진입한 한국경제 무엇이 문제인가

대학은 병들고
학생 복지는 넘치고

2024년 11월 28일

학문의 전당이요, 최고의 지성을 키우는 대학이 병들고 있다. 이유를 살펴보자.

첫째, 저출생으로 대학에 입학할 인원이 점차 줄고 있다. 현재 출산율이 0.72명이므로 앞으로 대학에 갈 학생 숫자가 점점 줄어들어 대학의 정원 채우기도 어려울 것이다. 2004년 고교 졸업자 수는 59만명이고, 2025년에는 41만명으로 추산된다. 현재도 6% 정도를 외국인 학생으로 채우고 있다.

둘째, 대학등록금을 16년째 동결함으로써 대학재정이 큰 고통을 당하고 있다. 우리나라 대학들은 모두가 재단전입금은 보잘것없고 오로지 등록금에만 의존하는 형태인데 소비자물가가 39.3% 올랐음에도 등록금은 동결했으니 대학재정이 엉망일 수밖에 없다. 경제협력개발기구(OECD) 조사(2021년)에 의하면 한국의 대학생 1인당 공교육비 지출액(대학생 등록금 포함)은 중·고등학생에게 투입되는 지출액보다 769만원, 초등학생보다 175만원 적다. 초·중·고에는 막대한 예산을 투입하고 있지만 국가경쟁력을 좌우하는 고등교육에는 제대로 투자하지 않고 있다. 결국 대학재정의 부실은 교수들 복지와 교육을 위한 연구기자재 등의 희생으로 이어지고 있다. 교수들의 급여를 거의 동결함으로써 교수들 사기는 땅에 떨어져 앞으로 누가 학자의 길을 가고자 할 것이며, 어떻게 유능한 인재를 양성하고 유치할 수 있을지 심히 우려되고, 나아가 대학의 존립 자체가 위태로워 보인다. 대부분 중견 교수들의 연봉이 1억원도 안된다니 교수들 사기가 어떨지는 짐작이 가고도 남는다. 인공지능(AI) 시대를 맞아 전공 교수를 영입하려고 해도 산업계에 진출하면 교수 연봉의 몇 배를 받으니 교수요원을 구할 수가 없다고 한다.

셋째, AI의 등장으로 앞으로 대학의 위상이 어떻게 변모할지도 걱정거리다. 이미 어문과 계통에서 폐과가 이루어지는 현상이 벌어지기도 한다.

대학의 이런 처지와는 달리 대학생들을 향한 복지는 차고도 넘친다. 첫째, 대학생들의 등록금이 동결되는 바람에 대학등록금이 무척 싸졌다는 것이다. 국립대의 인문계 한 학기 등록금이 200만원 정도이고 한 공립대는 100만원 정도로 국립대의 절반이라고 하며, 사립대학의 경우도 350만원 정도라니 대학등록금을 올리지 않음으로써 학생들의 복지는 엄청 향상된 셈이다. 서울 모 공립대학의 경우 등록금은 국립대의 반값이면서도 장학금이 많아 거의 공짜로 학교를 다닌다고 한다.

예를 들어 한 인문계 학과의 경우 학생 정원은 360명인데 2024년 1학기의 경우 국가장학금 215명, 교외장학금 84명, 교내장학금이 96명이나 된다고 하니 등록금을 내는 학생이 거의 없는 실정이다. 성적이 우수하고 가정형편이 어려운 학생들을 위해 지원하고자 기탁한 장학금의 경우에는 장학금을 받을 학생이 없어 지급을 못하는 실정이다. 학교 재정은 엉망인데 학생들의 복지는 차고도 넘친다. 이는 정부가 포퓰리즘적 정책을 추구한 데서 빚어지는 현상이다.

정부는 대학등록금 동결로 대학재정을 피폐화시키면서 국세인 교육세를 목적세로 걷어 고등교육을 지원한다는 식인데, 이는 결국 꼬리표가 달린 지원일 뿐 아니라 대학의 자율과는 거리가 멀다. 대학의 자율을 보장해야 경쟁도 가능해지고 학문의 질적 향상도 이루어질 수 있다. 대학의 자율을 보장해야 대학의 발전은 물론 훌륭한 인재 양성도 가능할 것이다.

선진국에 진입한 한국경제
무엇이 문제인가

발 행 일 2025년 2월 28일

초판발행 초판 1쇄

발 행 인 ㈜경기정판사

저   자 정 재 철

발 행 처 ㈜경기정판사

주   소 경기도 수원시 경수대로 973번길 6

I S B N 979-11-85593-19-7 03070

전자우편 cchung@uos.ac.kr

값 13,000원

03070

9 791185 593197

ISBN 979-11-85593-19-7